だしの研究

だしの仕組みを理解して、
自在に使いこなすための、
調理とサイエンス

柴田書店

はじめに

だしは、日本料理を特徴づける大きな要素のひとつです。
それだけに、考えることも多くあります。
自分が作りたい料理を支えてくれるのは、どんなだしなのか？
今のだしが、はたして最良のものなのか？
その答えを見つけるために必要なのは、多くのだしに触れること。
そして、だしの仕組みを理解することです。
近年は、日本料理でもさまざまなだしが使われています。
また他のジャンルのシェフたちも、和のだしを自然にとり入れるようになりました。
だしをとりまく状況は、少しずつ変化しているようです。
本書では、そんな多様なだしの〝今〟をお伝えしつつ、
科学的なアプローチによって、だしの本質をわかりやすく示しました。
だしを理解し、自在に使いこなして、自分の味を表現するために、
ご活用いただければ幸いです。

目次

日本料理店7店の74のだしと料理／他ジャンルのシェフの和だし使い

他ジャンルのシェフの和だし使い

おもなだし素材（昆布／カツオ節／煮干し・焼き干し）

だしを考える

撮影 海老原俊之
デザイン 中村善郎／yen
編集 長澤麻美

日本料理店7店の74のだしと料理

／他ジャンルのシェフの和だし使い

だしの科学：川崎寛也

［日本料理 晴山］

山本晴彦

だしはとても重要です。だしがずれてしまえば、すべての料理がずれてしまう。料理における心臓部といえるものでしょう。その食材がもつ力を最大限に引き出し、おいしさを感じさせてくれるのがだしですから、食材とのバランスで考えることが大切です。食材は、当然ですが常に一定ではありません。魚の脂の加減も、貝のうま味の強さも、そのときどきによって変わりますから、それに合わせてだしも調整が必要です。もちろん、季節やその日の天候、気温などによっても変えています。またコース料理は、魚介を使ったもの、野菜を使ったもの、肉を使ったものなどさまざまな食材を使った料理の組み合わせですから、全体のバランスの中で、お互いを引き立て合うように考えながらだしを使い、料理を作らなければいけません。

このようにきめ細かく調整をするためには、そのための味覚が必要です。自分たちの体調管理が大事なのです。

真昆布とマグロ節、血合い抜きのカツオ節を使ってひく一番だしが、『晴山』のだしの主役であり、この店のだしはこれと、料理を通じてお伝えしたいものでもあります。これに、たとえば夏なら、ハモをハモのだしと合わせて小鍋仕立てにするなど、その季節らしいおいしさを感じていただける素材のだしを選んで使用し、季節感を添えています。

山本晴彦

１９７９年栃木県足利市生まれ。岐阜の名店『たか田八祥』の高田晴之氏に師事し、支店の『割烹料理わかみや八祥』、続いて『割烹料理こがね八祥』では店長を務める。31歳で独立し、東京・三田に『晴山』を開く。シンプルながら、香りやうま味をさりげなく加えた繊細な味づくりを得意とし、緩急をつけたコース料理を提供する。

基本の一番だしは、真昆布の他、血合い抜きのカツオ節とマグロ節の2種類をブレンドしてとっている。

◎昆布だし

前の晩に昆布を水に浸けておき、次の日に加熱してだしをとります。酒蒸しなどに使用する他、他のだしのベースにもなります。

材料
昆布（真昆布）…250g
水（軟水）…8ℓ

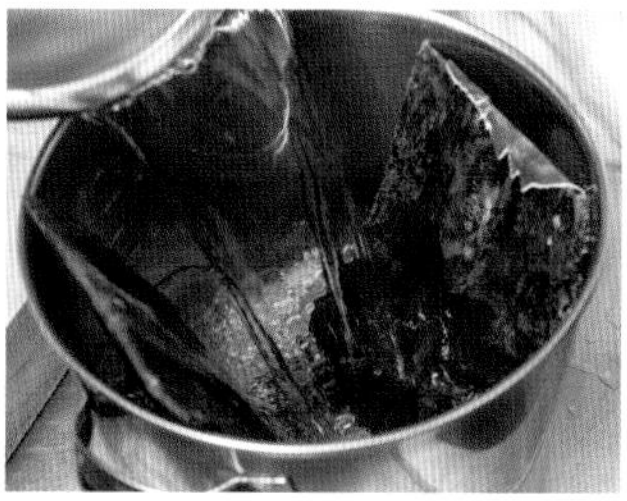

1　鍋に昆布と水を入れる。

2　このまま常温で一晩（最低7〜8時間）おく。

3　**2**の鍋を火にかけて、60〜65℃で1時間ほど加熱する。

だしの科学
どちらかというと昆布が多く、また、水出しの後60〜65℃で1時間加熱することで、昆布のグルタミン酸をできるだけ抽出している。

◎一番だし

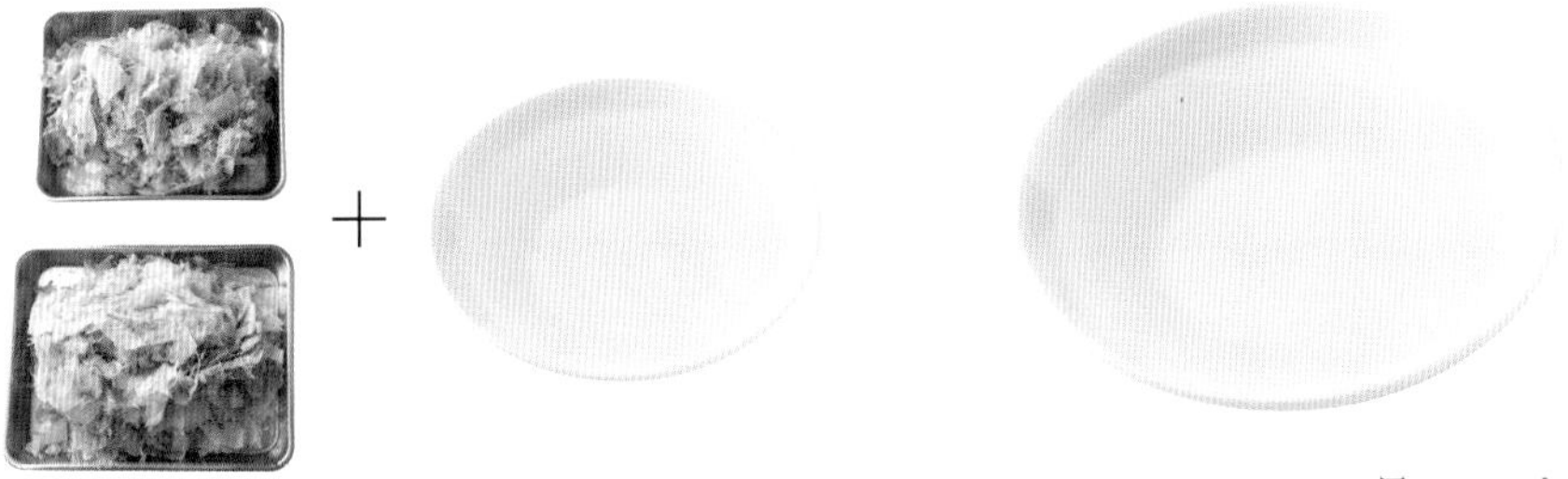

材料
昆布だし（p.9参照）…6ℓ
マグロ節…3つかみ
カツオ節（血合い抜き）…1つかみ

お客様の来店時間に合わせてひいています。削り節の量は、季節、気温、湿度、昆布の味の出方や塩味のバランス、もちろん椀だねによっても変えるため、そのつど調整しています。

2種類の削り節を合わせて使うのは、それぞれの持ち味が異なるため。カツオ節は、シャープな風味。マグロ節は穏やかなやさしい味。カツオは香りがとびやすく、マグロはうま味が抜けにくい。料理によって調整はしますが、マグロ節3：カツオ節1というのがおおよその割合です。

だしの科学
昆布だしを沸かすことで、昆布の磯臭さがあっても揮発させることができる。カツオ節とマグロ節で重要なのは、イノシン酸のうま味とメイラード反応の香り、燻製の香り。メイラード反応の香りも燻製の香りも揮発しやすいため、客に合わせてひくことで、ひきたての香りを特徴としただしにしている。

1 昆布だしを火にかける。沸いたらアクをとる。

2 マグロ節を入れ、

3 少し加熱したらアクをとり、火を止める。

4 カツオ節を入れ、

5 そのまま沈むまで1～2分おいてから、

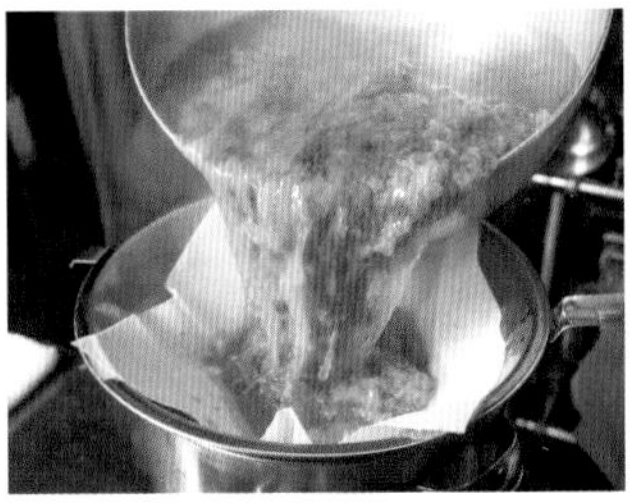

6 クッキングペーパーを敷いたザルで、ゆっくり漉す（できるだけ動かさないようにすると、雑味が出にくい）。

毛蟹の真丈と白瓜の椀

お椀のだしの味つけは、最初の一口目はもちろん、椀だねを崩して食べ進めていったときに、最後までおいしく飲めるようなバランスにしています。

材料
毛ガニ…適量
白身魚のすり身…適量
白瓜…適量
八方地（一番だしにミリン少量、薄口醤油少量、塩少量を合わせて追いガツオをしたもの）…適量
一番だし（p.10参照）…適量
塩、薄口醤油、酒…各適量
みょうが（針みょうが）…適量
青ユズ…少量

1 毛ガニは、塩ゆでして身をとり出し、白身魚のすり身と合わせる。

2 白瓜は塩でもみ、両端を切り落とし、種部分を打ち抜きで抜いて、ごく薄い輪切りにする。さっとゆでて、薄い八方地に二度浸けする。

3 **1**を適宜の大きさにとって蒸し、椀に盛る。

4 一番だしを熱して塩、薄口醤油、酒で調味して**3**にはる。真丈に**2**の白瓜をのせ、針みょうがをのせ、振りユズをする。

◎二番だし

煮物など、うま味は欲しいがあまり香りを気にする必要のない料理や、割りだしなどに使用します。一番だしは沸かさずにとりますが、二番だしは、だしガラに残ったうま味を出しきるように加熱し、マグロ節でうま味を補います。

材料
一番だしのだしガラ
…p.10の分量
マグロ節…1～2つかみ
水（軟水）…6ℓ

1 だしガラを鍋に入れ、水を加えて火にかける。アクが出たらとり除く。

2 マグロ節を加える。

3 沸かない程度の火加減で、10～15分加熱する。

4 クッキングペーパーを敷いたザルで漉す（うま味を出しきっているので、絞らなくてよい）。

だしの科学
一番だしをひいた後の、再抽出となる二番だしは、一番だしでどの程度加熱されたかが、残っている味成分と香り成分に影響する。『晴山』では一番だしである程度しっかり加熱して抽出しているので、残った昆布のうま味というより、追加したマグロ節の香りとうま味を活かしただしになっている。

◎煮干しだし

赤だしや麺のつゆに使用します。煮干しは味が濃く出るので、高温で煮立てる必要はありません。

材料
煮干し（カタクチイワシ）…適量
昆布（真昆布）…適量
水（軟水）…適量

1　煮干しは頭とはらわたをとり除き、昆布とともに鍋に入れ、水を加えて半日浸けておいた後強火にかける。80℃になったら火を止める。

2　クッキングペーパーを敷いたザルで漉す。

＊火を止めてからそのままおいておくと、更に味が出る。あまり強い味にしたくない場合は、このようにすぐに漉すとよい。

だしの科学
煮干しのうま味成分はイノシン酸であり、昆布のうま味成分であるグルタミン酸とともに味わうと、うま味の相乗効果によりうま味を強く感じる。煮干しはカツオ節とは違い、脂をとり除く処理がされていないため、脂質酸化しないように保存する必要がある。だしをとる際にも加熱をしすぎると脂質酸化が進むため、温度にも気をつける。

◎甘鯛のだし

中骨を霜降りしてからとることもありますが、ここではにゅう麺に使用するため香ばしさが欲しいと思い、骨を焼いてからとる方法で。焼くことで香ばしい風味がつき、同時に臭みを除くこともできます。ただしあまり焦がしすぎると、だしに焦げ臭がつくので注意します。

最後にマグロ節でやわらかいうま味をプラス。カツオ節では香りが立ちすぎて、せっかくの甘鯛の香りが負けてしまいます。ハモや鯛のだしも同様にとっています。

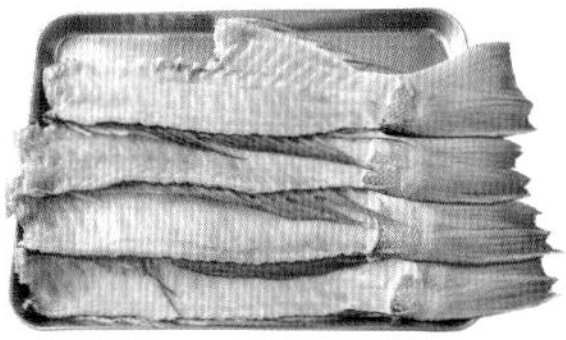

＋

材料
昆布だし（p.9参照）…5 ℓ
甘鯛の中骨…3尾分
塩、酒…各適量
マグロ節…1つかみ

1　甘鯛の中骨に塩をして、焼き台で焼く。甘鯛の骨は折れやすいので注意する。

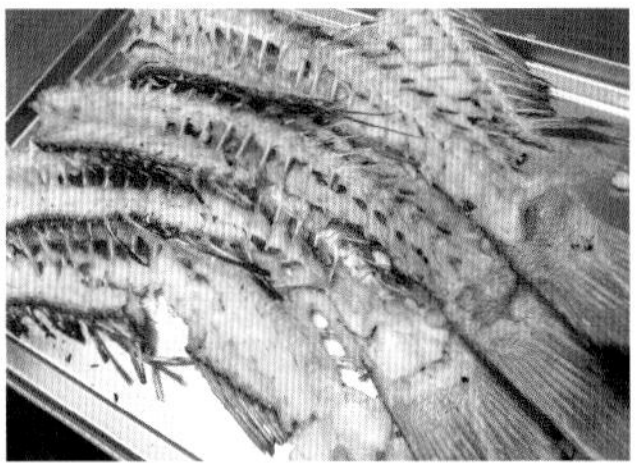

2　表裏ともこんがりと焼いたら、火からおろす。

3　昆布だしを鍋に入れて火にかけ、**2**の中骨を入れ、酒を加える。

4　アクをとりながら15分ほど加熱する。

5　マグロ節を加え（混ぜると濁るので、あまり触らない）、

6　クッキングペーパーを敷いたザルで漉す。

だしの科学

焼いた香ばしい香りはメイラード反応の香りであり、焦げ臭とは異なる。それを理解して焼き加減を調整するためには、見た目と匂いを確認しながら焼くとよい。甘鯛やハモなどアミノ酸が多い魚は、中骨を焼いてだしをとるのに適している。

甘鯛にゅう麺

にゅう麺に使うだしは、一番だしよりうま味の強いものがよい。これがたとえば甘鯛と松茸の椀であれば、一番だしを合わせます。

材料

甘鯛（切り身）…適量
素麺…適量
甘鯛のだし（p.14参照）…適量
塩、酒、薄口醤油…各適量
スダチ（輪切り）…少量

1 甘鯛は塩をして、串を打ち、炭火で焼く。

2 素麺はゆでて、流水でさっと洗い、水気をきる。熱い甘鯛のだしをかけ、**1**とともに椀に盛る。

3 甘鯛のだしを熱して塩、酒、薄口醤油で調味して**2**にはる。スダチをのせる。

◎アワビのだし

アワビに酒を加え、蒸してとります。昆布だしなどを多く加えて蒸せば、あるいは煮ればもっと大量のだしがとれるのですが、アワビ自体の味が抜けすぎてしまい、身が料理に使えなくなります。そのバランスが難しい。蒸し時間も、身にうま味が残るギリギリの時間にしています。殻付きのまま蒸すのは、殻から出るうま味もだしの要素と考えるため。

　とっただしは、料理により昆布だしなどを加えて調整します。

材料
アワビ…適量
酒…適量

だしの科学
アワビにはグルタミン酸が多く、甘味のするアミノ酸が含まれるのも特徴である。またアワビでは香りも重要なので、加熱しすぎて香りを逃さないようにするのがポイントである。

1　アワビを流水にあてながら、タワシでよく磨く。

2　バットに並べ、アワビの高さの1/3ほどが浸かるように酒を注ぎ、

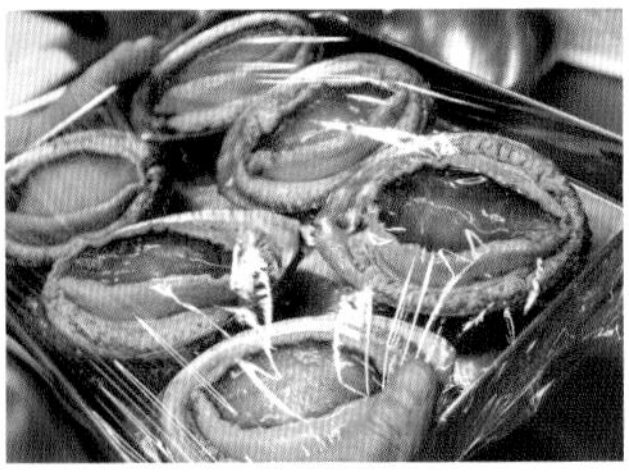

3　ラップフィルムで密閉して

4　蒸気の立った蒸し器に入れ、約4時間(アワビの大きさによる)蒸す。

5　蒸し上がり。

6　クッキングペーパーを敷いたザルで漉す。

蒸し鮑のオクラとろろ掛け

アワビのだしを、ツクネイモやたたきオクラと合わせてとろみをつけます。

材料
蒸しアワビ（p.16のようにして、
　だしをとった後の身）…適量
アワビのだし（p.16参照）…適量
ツクネイモ…適量
オクラ（塩ゆでしてたたく）…適量
塩…適量
花穂紫蘇…少量

1 ツクネイモをすりおろし、アワビのだし、塩、たたきオクラを加えて混ぜ合わせる。

2 蒸しアワビを一口大に切って、器に盛り、**1**をかけて、花穂紫蘇を添える。

◎干し貝柱のだし

干し貝柱は、水で戻してもおいしいだしはとれません。昆布やカツオのだしを加えて戻すことで、はじめておいしいだしになるのです。貝柱に限らず、乾物はものによって味の出方が異なるので、必ず味をみて、一番だしや塩で調整して使用します。

＋

材料
干し貝柱…適量
一番だし（p.10参照）…適量

1　干し貝柱を容器に入れて、一番だしをたっぷりはり、ラップフィルムで密閉して半日おいてなじませる。

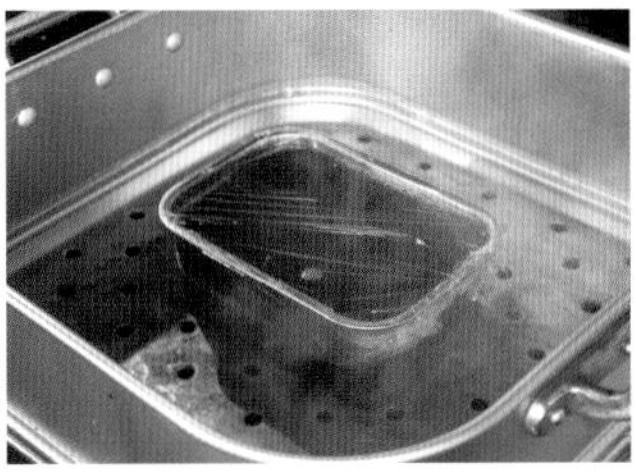

2　蒸気の立った蒸し器に入れて、2～3時間蒸す。

3　蒸し上がり。

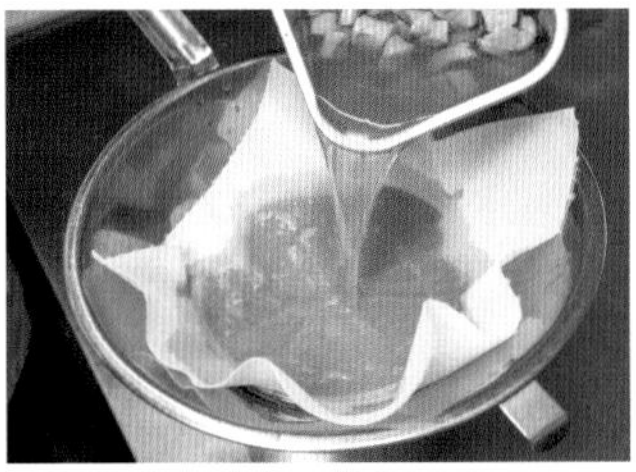

4　クッキングペーパーを敷いたザルで漉す。

だしの科学
干し貝柱にはグルタミン酸やグアニル酸だけではなく、コハク酸も含まれる。コハク酸は、グルタミン酸とのうま味相乗効果は得られないが、独特のうま味があるため、一番だしと合わせることで効果的に使える。

翡翠茄子とウニ

干し貝柱のだしに、更に一番だしを加えて使用します。

材料
ナス…適量
干し貝柱のだし（p.18参照）…適量
一番だし（p.10参照）…適量
塩…適量
生ウニ…適量
青ユズ…少量
揚げ油…適量

1 ナスは縦に切り込みを入れ、熱した油で揚げて、冷水に落とし、皮をむく。

2 干し貝柱のだしに一番だしと塩を加えて味を調整し、**1**のナスを30分仮浸けした後、新たに4～5時間本浸けする。

3 **2**のナスを、食べやすい大きさに切って器に盛り、浸けていただしをはる。少量の塩を振った生ウニをのせ、振りユズをする。

◎シジミのだし

貝類の中でもうま味を強く感じるシジミ。特に宍道《しんじ》湖《こ》のシジミは粒が大きく、いいだしが出ます。シジミの旬は夏と冬。赤だしなどに使用する他、冬場には座付き吸い物としてお出しすることもあります。

材料
シジミ（宍道湖《しんじこ》産。砂出し済み）…2kg
昆布だし（p.9参照）…3ℓ
酒…500mℓ
塩…適量

1　鍋にシジミを入れて、昆布だし、酒、塩を加えて強火にかける。

2　沸いたらアクをとり、火を弱めて更に少し煮出す（身はうま味を出しつくし、味が抜けているため料理には使用しない）。

3　クッキングペーパーを敷いたザルで漉す。

＊アクをひいた後にすぐに火を止めると、さっぱりとした品のいいだしになる。潮汁などにする場合はそこで止め、酒と塩だけで調味するとよい。今回は野菜を炊いてだしに浸け込むので、もう少ししっかりうま味を出すために、その後弱火に少しかけた。

＊シジミの塩分には個体差があるため、塩は控えめにしておく。

＊煮出した後、漉さずにそのまま4、5時間～半日ほどおくと、更にうま味が出る。

だしの科学
貝類であるシジミのうま味成分は、コハク酸である。グルタミン酸とのうま味相乗効果は得られないが、昆布だしと合わせて使うことで、うま味を補強できる。

冬瓜　シジミだし含ませ煮

シジミのうま味を固体で味わっていただく感覚です。

材料
冬瓜…適量
シジミのだし(p.20参照)…適量
塩、酒、生姜の絞り汁、ミリン
…各適量

1
冬瓜はワタを切りとって、適宜に切り、皮をむき、皮目に斜めの細かい切り目を入れる。塩とみょうばんをすり込んで、しばらくおいて色を出し、ゆでる。

2
シジミのだしを熱し、塩、酒、生姜汁、少量のミリンを加え、**1**の冬瓜を入れて30分ほど炊く。鍋ごと氷水に浸けて急冷する。

3
盛り付けのときに**2**を再度温め、冬瓜をとり出して器に盛り、汁をはる。

◎伊勢エビのだし

＋

霜降りした頭と殻を昆布だしと合わせて煮出し、マグロ節のうま味を加えます。使用するときに野菜のだしで割ってもいいでしょう。

材料
伊勢エビ(三重県産)…3本
昆布だし(p.9参照)…適量
酒…適量
塩…適量
マグロ節…適量

1　生きた伊勢エビを湯に入れて霜降りし、氷水にとる。

2　頭と腹部を分け、腹部は身をとり出す(身は料理に使用する)。頭は梨割りにする。

3　**2**の殻と頭を鍋に入れ、昆布だしをひたひたに加え、塩と酒を加えて火にかける。

4　沸いたらアクをとり、

5　麺棒で殻をつぶす。アクをとりながら20～30分煮出す。

6　マグロ節を入れて火を止める。

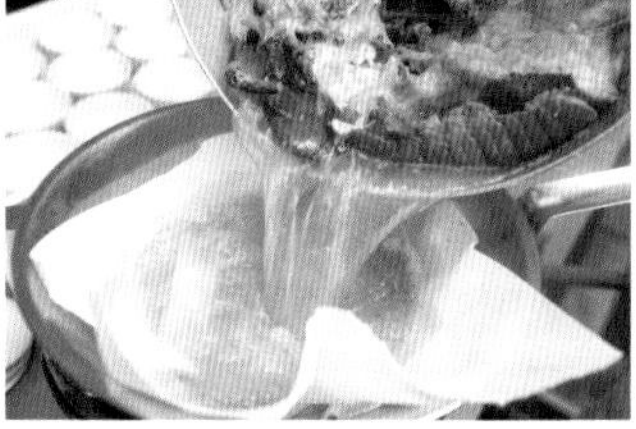

7　マグロ節が沈んだら、クッキングペーパーを敷いたザルで漉す。

だしの科学
甲殻類には、グルタミン酸に加えて甘味を感じるアミノ酸が多く含まれる。エビと昆布を合わせてだしをとると、甘味とうま味を強く感じるだしになる。

伊勢海老の茶碗蒸し

伊勢エビのだしと卵を合わせ、うま味たっぷりの茶碗蒸しに。

材料
卵…適量
伊勢エビのだし（p.22参照）…適量
塩、薄口醤油、ミリン…各適量
伊勢エビの身（p.22作り方**2**参照）…適量
葛粉…適量
べっこう餡（一番だし〈p.10参照〉、濃口醤油、ミリンを合わせて沸かし、水溶き葛粉でとろみをつける）…適量
三つ葉（ゆでた茎）…少量

1 溶き卵1：伊勢エビのだし5の割合で合わせ、塩、薄口醤油、少量のミリンで味つけて、漉す。

2 **1**を器に流し、蒸す。

3 伊勢エビの身は、一口大に切って薄く塩をし、葛打ちをして、伊勢エビのだしでさっと煮る。

4 蒸し上がった**2**に**3**をのせ、べっこう餡をかけ、三つ葉をのせる。

◎鶏だし

前日につぶしたシャモのガラを使用しています。いいガラを使えば、下処理は、塩をして霜降りするだけでよく、雑味もほとんどないクリアなだしがとれます。アクもそれほど出ません。最後にマグロ節を加え、別のうま味と香りをプラスします。

材料
鶏（シャモ＊）ガラ（足含む）…2羽分
塩…適量
生姜（薄切り）…適量
長ネギ（青い部分）…3本分
昆布だし（p.9参照）…6ℓ
酒…200mℓ
マグロ節…1つかみ

＊鶏ガラは、伊豆の天城《あまぎ》シャモのガラを使用。前日につぶしたものを仕入れている。

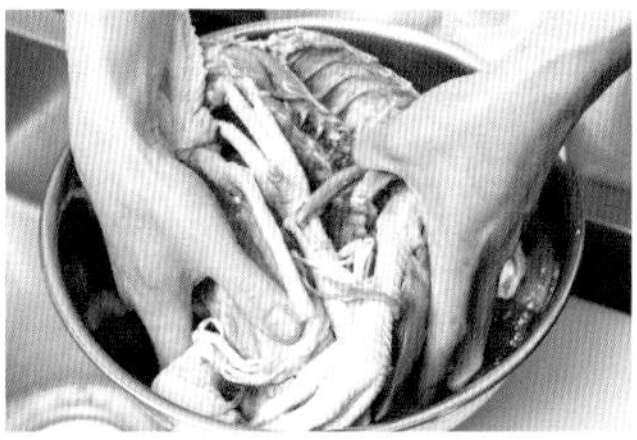

1　鶏ガラに塩をまぶし、10～15分おく。

2　湯をかけて、霜降りする。

3　流水にさらしながら、血合いをとり除く（脂はそのまま）。

4　鶏ガラを鍋に入れ、冷たい昆布だしを注ぎ（温かいものを入れると、アクが出やすくなる）、

5　長ネギ、生姜、酒を加えて火にかける。

6　沸いたらアクをとる（ここで肉の部分に完全に火を入れておかないと、蒸したときにアクが出て濁る。しかし、あまり火を入れすぎると雑味が出るので注意する）。

7　軽くアクをひくだけでクリアに。

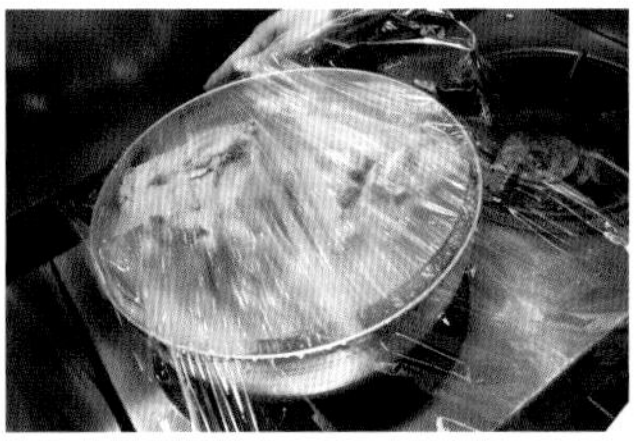

8　7をラップフィルムで密閉し、

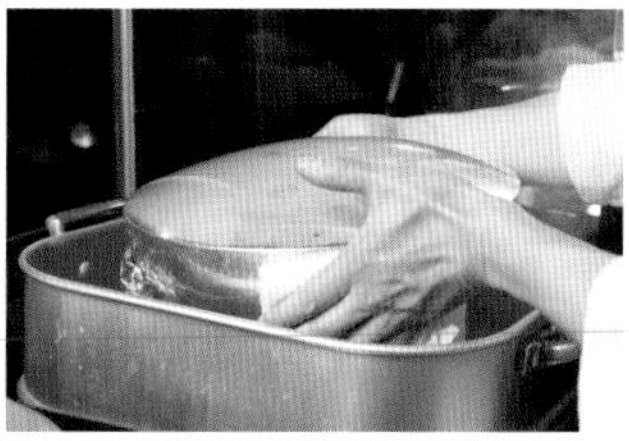

9 蒸し器に入れて3～4時間蒸す。

10 再び火にかけて、脂をとり除き、

11 マグロ節を入れて少し加熱し、この後クッキングペーパーを敷いたザルで漉す。

だしの科学

鶏ガラのアクとは、筋肉に含まれるミオグロビンという鉄を含むたんぱく質が、脂を抱き込みながらだしの表面に浮いてくることで酸化した脂質酸化物であり、生臭さのもとになる。鉄が脂質酸化を促進してしまうのである。アクをとる際には、ある程度液体を対流させることで浮き上がらせ、とりやすくすることができる。蒸してだしをとると対流がないため、事前にしっかりアクをとり除く必要がある。

軍鶏とじゅんさい

炭火で香ばしく焼いたシャモ肉に、うま味たっぷりの鶏だしを合わせます。ジュンサイの食感がいいアクセントに。→208頁

◎干しシイタケのだし

昆布だしと合わせて使用します。独特の味、香りが強いため単独で使うことはなく、少量を、ニュアンスを加えるために使っています。

材料
干しシイタケ…適量
水（軟水）…適量

1　干しシイタケを、水に一晩浸けておく。

2　クッキングペーパーを敷いたザルで漉す。

だしの科学

干しシイタケにはグアニル酸というう**ま**味成分があり、昆布のうま味成分であるグルタミン酸と同時に味わうことでうま味の相乗効果が起こり、うま味を強く感じる。干しシイタケのグアニル酸は、シイタケの傘の下側の酵素によって作られるため、水に浸ける際には傘を下にして浸け、しっかり酵素が働くようにするとよい。

椎茸とイクラのご飯

キノコと相性のいいイクラを合わせました。シンプルでおいしいご飯です。

材料
米…適量
干しシイタケのだし（上記参照）…1（割合）
昆布だし（p.9参照）…1（割合）
塩、薄口醤油、酒、ミリン…各適量
イクラの醤油漬け（一番だし〈p.10参照〉、濃口醤油、酒、ミリンを合わせた地に漬けたもの）…適量
青ユズ…少量

1　干しシイタケのだしと昆布だしを1：1で合わせ、塩、薄口醤油、酒、少量のミリンを加えた地で、ご飯を炊く。

2　**1**を器に盛り、イクラの醤油漬けをかけ、振りユズをする。

◎野菜だし

単独ではうま味が足りませんが、カツオだしなどと合わせて使うことで、風味を加えることができます。少し別のうま味や甘味が欲しいとき、味わいに広がりをもたせたいときに野菜の力を借りる感覚です。ホウレン草や水菜などの葉物、ゴボウなどアクの強い野菜は向いていません。またニンジンは、入れすぎると独特の香りや甘味が出るので、使う場合も少量にします。

＋

材料
くず野菜（大根の皮、白菜の切れ端、
ニンジンの皮、長ネギの青い部分、
シイタケの軸など）…適量
昆布だし（p.9参照）…適量

1 鍋にくず野菜と昆布だしを合わせて火にかける。

2 アクをとり、20分ほど煮出す。

3 クッキングペーパーを敷いたザルで漉す。

＊カツオだしと合わせて使用することを想定し、追いガツオはしない。

だしの科学
野菜にもある程度グルタミン酸が含まれるものがあり、グルタミン酸が多いものを選ぶことができるが、昆布ほど多い野菜はないので、野菜の香りや甘味を活かすような組み合わせでだしをとるとよい。大根、白菜、長ネギは硫黄化合物を含み、だしに重要な香りを付与する。カツオだしの香りとの相性も考えて選ぶとよい。

［虎白］

小泉　瑚佑慈

小泉　瑚佑慈

１９７９年神奈川県生まれ。東京・八重洲の割烹店で料理長をしていた石川秀樹氏に師事。２００３年、独立する石川氏とともに、創業時から『神楽坂　石かわ』を支え、２００８年にオープンした『虎白』で店主を務める。

日本料理の軸がぶれないようにしながらも、キャビアやトリュフといった食材も自在に使いこなし、新しい技法や仕立て方も柔軟にとり入れて、ここでしか味わえない料理を作り出している。

当店には、お客様が楽しみにしているいくつかの料理を除き、定番料理というものがありません。その食材のおいしさを引き出すために、どうすればよいか。一般的な方法にとらわれず、今までになかった新しい調理法などもとり入れて、新しい表現はできないか。それを常に考えながら料理を作っています。そのためにも、基盤となるだしは重要です。当店の料理のすべてのだしは、昆布とカツオのだしをベースにしており、そこはぶれないようにしています。

昆布とカツオでとるだしは2種類あります。1つは吸い地用のだしで、カツオの雑味を出さずにひく、きれいなだし。もう1つは、一番だしと二番だしの間のだしとでもいえるだしです。ここでは仮に一.五番だしと呼びますが、こちらはカツオのうま味と香りを、充分に引き出すひき方をします。

コース料理には味わいの流れがあり、だしの変化も意識します。前述の2種類のだしがベースですが、食材に合わせて、ときには甲殻類や鴨のだしを使うなどして変化をつけています。

だしは、あくまでも素材や料理とのバランスです。この素材だから、こういう料理にしたいから、だしはこういうひき方でと。また、コースのどこで出すのかも考えに入れなければいけません。煮物はコースの終盤に出しますが、たとえば当店では冬に、皮目だけ焼いて切り出した真鴨を、野菜と一緒に、軽く薄口醤油であたりをつけた一.五番だしでさっとレアに炊いて出しています。ここに鴨の骨でとっただしを使うと、重くなってしまう。コース終盤で出される鴨や鶏など脂の強いものは、重たく感じますから、カツオだしでさっと炊いたものが、ちょうどいいのです。

◎昆布だし

真昆布を使用しています。真昆布はうま味が強く、すっきりさせたいときは量を少なめにして加熱時間も短めにするなど、調整がしやすいためです。利尻昆布は、すっきりしただしをとるためのひき方をした場合、少しコクが足りないと感じます。

材料
昆布（真昆布）…12g
水…800mℓ

1 鍋に昆布と水を合わせて火にかけ、ゆっくり温度を上げて、沸騰させない火加減（60℃）でコトコトと40分ほど加熱する。

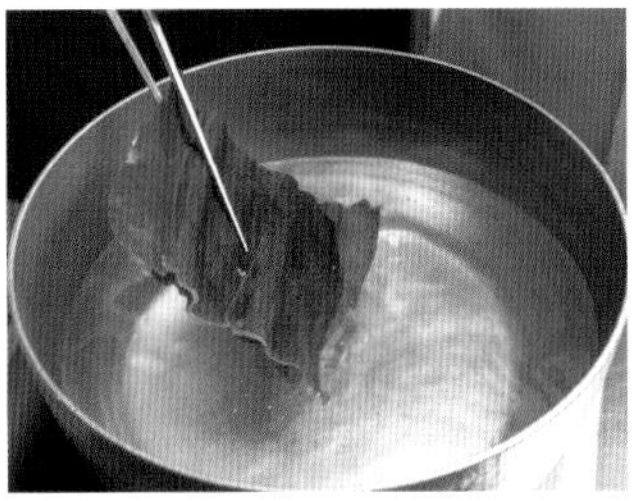

2 昆布のうま味と香りが出たら、昆布をとり出し、沸騰直前まで温度を上げて、アクをとる。

伊勢海老炙り 昆布ゼリー 塩昆布 花穂紫蘇

伊勢エビは、軽く火入れすることで甘味がぐっと出ます。あぶったエビの香りや風味を引き立たせるためには、八方だしなどのゼリーより、昆布だしのゼリーが合います。

ゼリーにする場合は、昆布を少し多めにし、味を強めにひいた昆布だしを使用します。

材料（4人分）
- 昆布ゼリー
  - 昆布だし
    - 昆布（真昆布）…40g
    - 水…1500mℓ
  - 塩…3g
  - 板ゼラチン…10g
- 伊勢エビ…350g×2本
- だし醤油（一・五番だし〈p.34参照〉と濃口醤油を同割にする）…適量
- 塩昆布（刻み）…少量
- 花穂紫蘇…適量

1 昆布ゼリー：上記のようにして、右記の分量の昆布と水で昆布だしをとる。

2 熱した昆布だしに塩を加え、戻したゼラチンを溶かし、冷めたら冷蔵庫で冷やす。ゼリー状になったら、攪拌して崩しておく。

3 伊勢エビは殻から身をとり出す。身に串を打ち、だし醤油を表面に軽く塗ってあぶり、食べやすい大きさに切る。

4 器に**3**を盛り付け、**2**の昆布ゼリーをかけ、塩昆布と花穂紫蘇を散らす。

◎吸い地用だし

カツオの雑味のないきれいなだしです。昆布だしも、34頁の一・五番だしより、やや薄めにひきます。季節や椀だねにより、昆布やカツオの風味の出し方などを若干調整しています。

材料
昆布だし
- 昆布（真昆布）…10g
- 水…1000mℓ

カツオ節（血合い抜き）…20g

1　p.30のようにして、上記の分量の昆布と水で昆布だしをとる。

2　アクをとった後の昆布だしを火からおろし、カツオ節を入れる。

3　70～80℃で1分半ほどおき、カツオの香りが出て、軽く沈んできたら、クッキングペーパーを挟んだザルで漉す。

松葉蟹真丈　芽蕪

日本料理の定番である真丈を、当店らしく仕立てたいと、試行錯誤を重ねてたどりついたのがこの作り方です。

材料（4人分）
松葉蟹真丈
- 松葉ガニ（塩ゆでした松葉ガニのむき身）…120g
- 松葉ガニのミソ（塩ゆでした松葉ガニからとり出したもの）…少量
- 白身魚のすり身…40g
- 卵の素（＊）…25g

芽蕪…4本
八方だし（p.35「水菜浸し」参照）…適量
吸い地用だし（上記参照）…適量
塩、薄口醤油…各少量

＊卵の素：卵黄1個に、サラダ油120gを少しずつ加えながら、泡立て器で混ぜる。

1　松葉蟹真丈を作る。卵の素と白身魚のすり身、松葉ガニのミソをよく混ぜ、最後に松葉ガニの身を混ぜて1人分40gにとっておく。

2　芽蕪はゆでて、氷水に落として水気をとり、冷たい八方だしに浸けておく。

3　**1**の真丈を蒸し器で7分蒸し、器に入れて**2**の芽蕪を添え、温めた吸い地用だしに塩と薄口醤油少量を加えて注ぐ。

◎一・五番だし

昆布とカツオのだしは、血合い抜きのカツオ節を使用する、32頁の吸い地用のだしと、血合い入りのカツオ節を使うこのだしの2種類を使い分けています。椀物以外の料理にも、二番だしではなく、最初からそれ用にとったおいしいだしを使いたいと思うためです。こちらのだしも未使用の昆布とカツオ節を使いますが、一般的な一番だしと二番だしの中間のようなひき方で、カツオのうま味と香りをすべて出しきります。

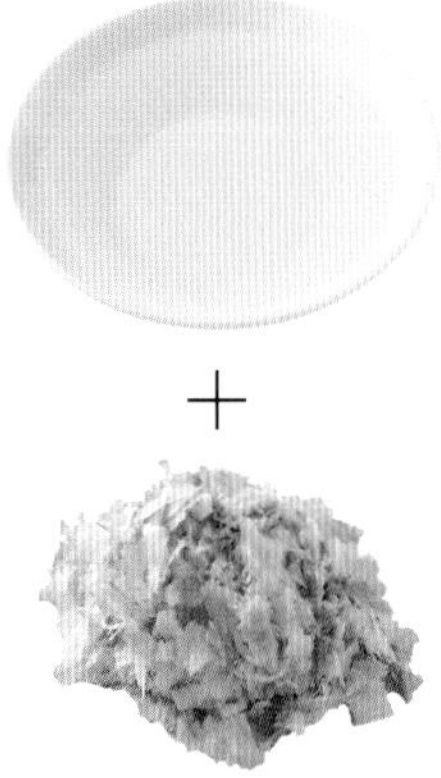

材料

昆布だし

- 昆布（真昆布）…12g
- 水…800mℓ

カツオ節（血合い入り）…18g

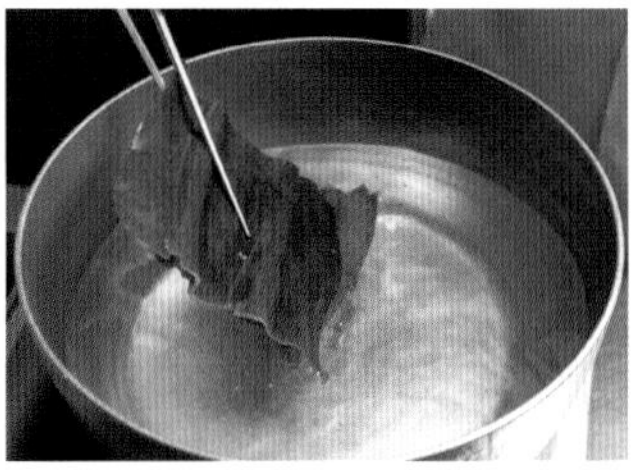

1 p.30のようにして、上記の分量の昆布と水で昆布だしをとる。

2 アクをとった後の昆布だしに、カツオ節を入れる。

3 弱火で20～30分ほど（料理による）加熱する（湯を対流させるようにし、グツグツ煮立てないようにする）。

4 カツオの香りが出てきたら、クッキングペーパーを挟んだザルで漉す。

水菜浸し

だしに薄口醤油とミリンであたりをつけた八方だしに、ゆでた野菜を浸けるシンプルなお浸しです。野菜によって、味の強さは変えています。たとえばズイキなど水分の多いものであれば、少しあたりを強めにしたり、二度浸けをします。

材料（4人分）
水菜…1束
八方だし
　一・五番だし（p.34参照）…500mℓ
　薄口醤油…25mℓ
　ミリン…10mℓ
　※合わせて加熱し、冷ましておく。
ユズ…少量

1 水菜はゆでて氷水に落とし、水気をきって冷たい八方だしに浸ける。味を含んだら4cmほどに切る。

2 器に**1**の水菜を盛り、冷たい八方だしを上からかけ、振りユズをする。

＊ 浸ける際に、クッキングペーパーに包んだカツオ節を入れて追いガツオをし、カツオの香りを強めてもよい。

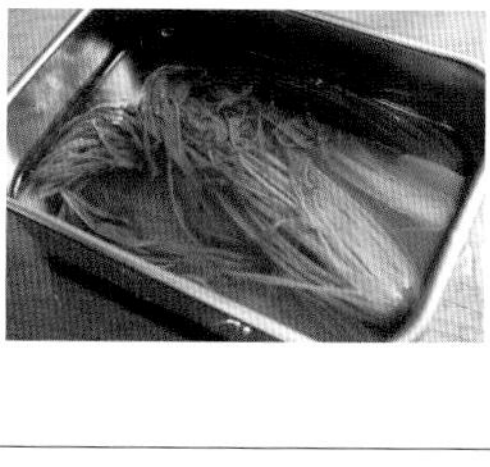

◎エビだし

甲殻類の殻は、焼いたり炒めたりしてからだしをとります。ここでは白味噌を使う料理に使用するため、よりコクの出る、炒める方法でとりました。

材料
車エビの頭と殻…4本分
ニンニク（みじん切り）…3g
生姜（みじん切り）…3g
一·五番だし（p.34参照）…600mℓ
サラダ油…適量

1　鍋にサラダ油をひき、ニンニクと生姜を香りが出るまで炒め、車エビの頭と殻を入れ、更に香りが出るまで炒める。

2　**1**に一·五番だしを入れてひと煮立ちさせ、アクをしっかりとり、10分ほど弱火でコトコトと加熱する。

3　クッキングペーパーを挟んだザルで漉す。

車海老炙り　焼き茄子
白味噌　芽葱　七味

甲殻類によく合う白味噌を合わせて。

材料（4人分）
エビ白味噌だし
　エビだし（上記参照）…400mℓ
　白味噌…30g
車エビ…4本
ナス…2本
芽ネギ…適量
七味唐辛子…適量

1　エビだしと白味噌を合わせ、エビ白味噌だしとする。

2　車エビは生の状態で頭をとって殻をむき、背開きにして平串を打っておく（頭と殻はだしに使用する）。

3　ナスは直火で焼いて皮をむき、30gずつに切り分ける。

4　温めた**3**の焼きナスを器に盛り、上の面だけをあぶった**2**の車エビを半分に切ってのせ、温めた**1**をかけて芽ネギを添え、七味唐辛子を散らす。

◎アワビのだし

アワビは15～20分ほど蒸せばやわらかくはなりますが、そこからアワビ独特のしっとり感や、貝らしい独特のうま味がだしに出るまでには時間がかかります。また好みにもよりますが、肝付きのままだしをとるほうがコクが出ます。

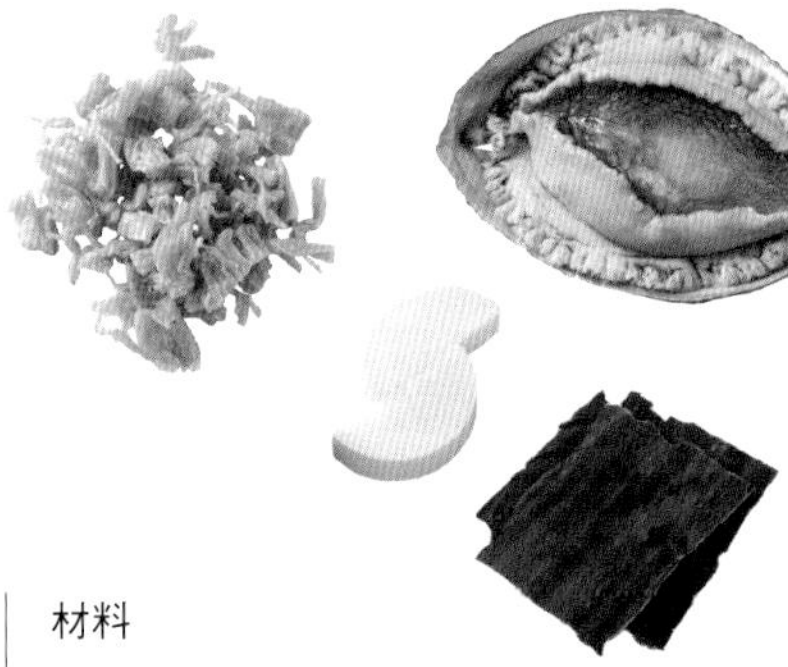

材料

アワビ…1パイ(500g)

A

- 水…700mℓ
- 酒…少量
- 昆布(真昆布)…5g
- 大根(皮付き)…50g
- 干し貝柱…少量

＊アワビは、身の表面を軽く流水で洗った後、肝ごと殻からはずし、沸騰した湯をかけて霜降りする。

1　アワビの身(肝ごと)とAを鍋やバットに合わせ、ラップフィルムで密閉して蒸し器に入れ、2時間前後蒸す。

2　1の汁を、クッキングペーパーを挟んだザルで漉し、だしとする(身と肝は料理に使用する)。

蒸し鮑 素麺 振り酢橘

“だしを食べる”といった感覚が楽しめる素麺です。

材料(4人分)

アワビのだし(上記参照)…上記の量

蒸しアワビの身と肝(上記のようにして、だしをとった後のもの)…1パイ分

薄口醤油、ミリン…各少量

素麺(乾麺)…1人分20g

スダチ…1個

1　上記のように蒸したアワビは、粗熱がとれたら肝をはずす。身は半分に切り、更に食べやすい大きさに切る。肝は裏漉しておく。

2　アワビのだしを鍋に入れて火にかけ、**1**の肝を少量溶いて、薄口醤油とミリンで味を調え、冷やしておく。

3　素麺をゆでて氷水で冷やし、水気をきって、器に入れる。**2**をかけて**1**のアワビの身を盛り付け、スダチの皮をすって振る。

◎スッポンだし

スッポンのだしはさまざまなとり方があり、当店でも料理によってとり方を変えています。ここではスッポンの鍋を作るようなイメージでうま味を凝縮させ、野菜のうま味を加えています。この他に、スッポンの甲羅と身の表面を炭火で一気に焼いて香ばしい香りをつけてから、昆布とともに水、酒で煮出してとる方法などもあります。

材料（作りやすい量。p.41の料理約20人分）
スッポン…1匹
水…12合（2160mℓ）
酒…4合（720mℓ）
生姜（薄切り）…20g
昆布（真昆布）…25g
シイタケ（半分に切る）…2枚分
長ネギ（白い部分を適宜に切る）…1本分
濃口醤油…適量

＊スッポンはエンペラを残して甲羅を切りはずし、余分な内臓をとり除いて切り分ける。湯をかけて霜降りし、薄皮をむく。

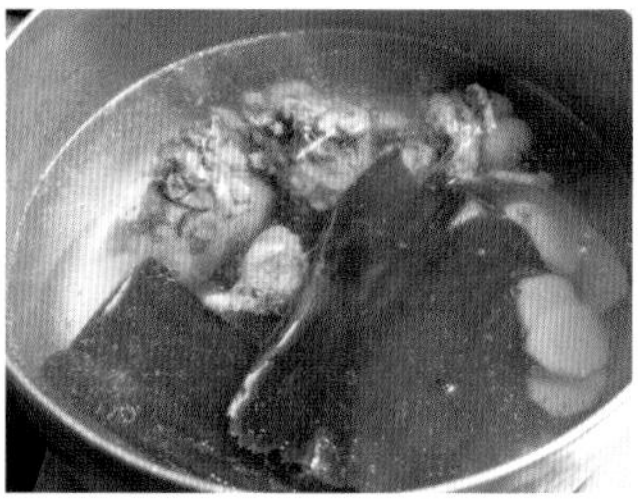

1　分量の水、酒、生姜、昆布を合わせた鍋にスッポンの身とエンペラを入れ、火にかける。煮立ったらアクをとり、ごく弱火にしてコトコトと熱する（90℃ほどで50分～1時間ほど）。場合によっては途中で一度火を強め、アクをとる。

2　1にシイタケと長ネギを入れて更に熱し、

3　スッポンのうま味が出てきたら、濃口醤油で味を調える。

4　クッキングペーパーを挟んだザルで漉す（身とエンペラは料理に使用する）。

飯蒸し　すっぽん餡　フグ葱

だしをとる際に使用したスッポンの身で、餡に食感を加えます。

材料（4人分）

すっぽん餡
- スッポンの身とエンペラ（p.40のようにして、だしをとった後のもの）…適量
- スッポンだし（p.40参照）…適量
- タピオカスターチ…適量

飯蒸し
- もち米…120g
- 酒…40㎖

フグネギ（小口切り）…少量
生姜の絞り汁…少量

1 すっぽん餡：だしをとった後のスッポンの身から小骨をとり除き、手でほぐす。エンペラは7㎜角ほどに切る。

2 スッポンだしを鍋に入れて熱し、**1**のスッポンの身とエンペラを加え、水溶きしたタピオカスターチを加えてとろみをつけ、餡を作る。

3 飯蒸し：もち米はといで一晩水に浸けておく。水気をきって20分蒸し、酒と和えて更に20分蒸して、1人分30gにとっておく。

4 **3**の飯蒸しを温めて器に盛り、温めた**2**のすっぽん餡をかけ、フグネギを散らし、生姜の絞り汁を5滴ほどたらす。

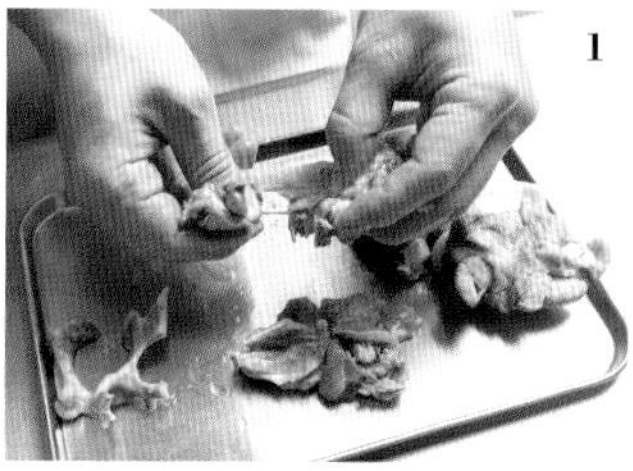
1

2

◎鶏と油揚げのだし

昆布とカツオのだしに、油揚げのうま味と鶏肉のうま味を加えました。このだしで蕪、大根、冬瓜などを煮て味を含めると、深い味の煮物になります。おでんのイメージです。

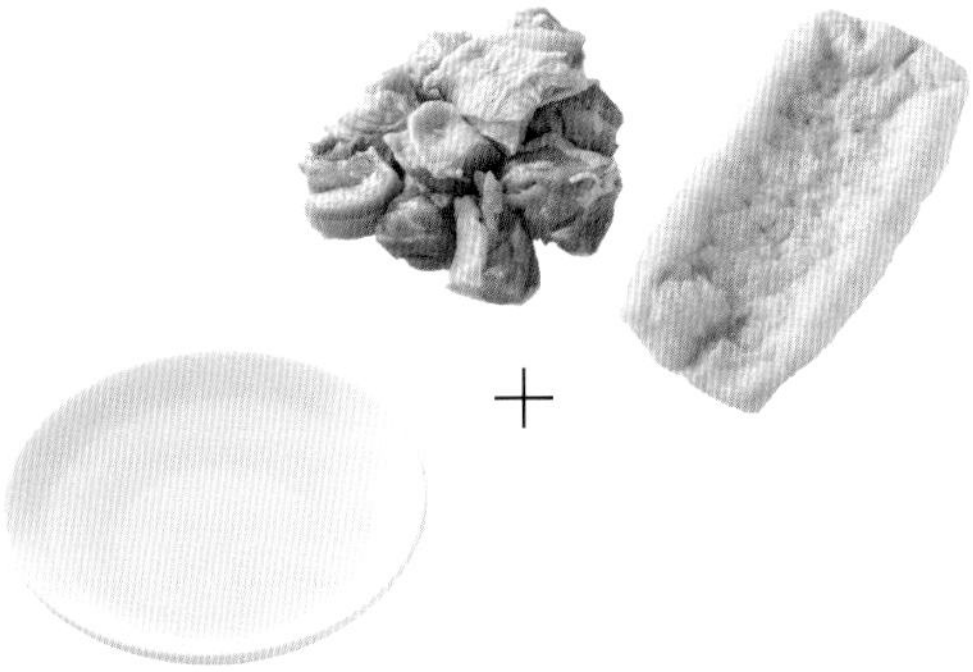

材料
一・五番だし（p.34参照）…1000mℓ
鶏もも肉…½枚
油揚げ…½枚

1　鶏肉は3cm角程度に切り、湯をかけて霜降りする。油揚げは、湯に入れて油抜きする。

2　**1**を鍋に入れ、一・五番だしを加えて火にかける。ひと煮立ちさせてアクをとった後、20分ほど弱火で熱してうま味を出す。

3　クッキングペーパーを挟んだザルで漉す。

＊はじめから蕪を煮含める場合は、むいた蕪、薄口醤油、ミリンも**2**で入れて一緒に加熱し、鶏と油揚げのうま味を蕪に含ませていく。

蕪の含め煮　振り柚子

肉のうま味が加わることで、よりコクのある味わいに。

材料（4人分）
蕪…4個
炊き地
　鶏と油揚げのだし
　　（上記参照）…1000mℓ
　薄口醤油…45mℓ
　ミリン…30mℓ
ユズ…1個

1　蕪は皮を縦にむき、炊き地と一緒に鍋に入れ、ひと煮立ちさせてから火を止めて、予熱で火を入れる。

2　器に温めた**1**の蕪を盛り、**1**の地を注いで振りユズをする。

◎豚肉と干し貝柱のだし

豚ばら肉はうま味が強く、脂さえ除けば深みのある、かつ透き通ってすっきりとしただしがとれます。もも肉やロースなど他の部位では豚のクセが出て重い感じになるので、ばら肉が適しています。

材料
一・五番だし（p.34参照）
…1000mℓ
豚ばら肉…100g
干し貝柱…10g

1　豚ばら肉は、湯をかけて霜降りする。

2　鍋に一・五番だしと干し貝柱（事前にだしに干し貝柱を浸けておいてもよい）、1の豚肉を入れて火にかける。ひと煮立ちしたら、アクと脂をしっかりとり、弱火にして20分ほど加熱する。

3　味が出たら、クッキングペーパーを挟んだザルで漉す。

だしの科学
豚肉は、鶏肉とくらべるとグルタミン酸が少なく、イノシン酸が多い。生肉は30分ほど加熱すると大部分のうま味成分が抽出されるため、メイラード反応が不要な場合はこの程度の時間で充分である。

松茸すり流し 銀杏 振り酢橘

いろいろな素材から味の出る、土瓶蒸しを凝縮させたようなイメージの一品。

キノコ類は脂との相性がよく、脂分でコクを加えるとおいしさが引き立ちます。焼いた松茸と、昆布とカツオのだしを合わせても、せっかくの松茸のよさを活かせません。

材料（4人分）
豚肉と干し貝柱のだし
（p.44参照）…180㎖
松茸…120g
ギンナン（素揚げしたもの）
…12粒
スダチ…1個
塩…少量
サラダ油…適量

1 松茸は一口大に切り、サラダ油をひいたフライパンに入れて、香りが出るまで炒める。

2 **1**をミキサーにかける（松茸だけでミキサーが回らない場合は、だしを少量加える）。豚肉と干し貝柱のだしを少量ずつ加えながら更に回す。

3 **2**を鍋で温めて、少量の塩で味を調える。器に注ぎ、ギンナンを3粒ずつのせて、スダチの皮をすって振る。

［多仁本］

谷本征治

当店では椀物用の一番だしと、煮炊き用の二番だしを基本として、それらにスッポンだしやアゴだし、アワビのだしなどをブレンドしながら使用しています。１つのコースの中で、料理に合わせて何種類かのだしを使い分け、変化をつけるようにしています。

おいしいだしには、いい材料が欠かせません。料理の材料だけいいものを使っていても、だしがおいしくなければ意味がなくなってしまいます。当店では、昆布はねかせたものを、一番だしのカツオ節は、本枯節の背節のみを使用しています。

店では、だしをひく人間を一人に決めておいたほうがよいと思います。毎日同じ人間がひかないと、感覚がずれてきてピタリと合わなくなってしまいます。

谷本征治

１９８０年大阪府生まれ。滋賀県の料亭他で修業を積み、独立。個性的な良店の集まる東京・四谷（荒木町）で、２０１７年より『多仁本』を営む。店はカウンターのみ８席と小箱ながら、料理には妥協なく、しっかりとした技術とセンスを感じさせる。

だしは特に重要と考え、納得のできる素材を使う。一番だしは、蔵囲の利尻昆布で水だしをとり、カツオ節は本枯節の背節を、お客様の来店直前に削り準備する。

◎昆布だし

真昆布を使っていた時期もありますが、少し甘味が強すぎると感じ、今はねかせた利尻昆布を使用しています。この昆布を使うようになって、うま味のしっかりした、納得のいく昆布だしがひけるようになりました。昆布だしは、火にかけてとると昆布の嫌な味が出ると感じるため、水だしを使用しています。

材料
昆布（利尻昆布）…35ｇ
水（天然水）…約８合（1440㎖。味の出方によって調整する）

昆布を水に浸けて一晩おく。

◎一番だし

カツオ節は、お客様が到着する直前に削ります。昆布だしと脂の少ない背節だけを使用し、すっきりとしたクリアなだしをひいています。

材料

昆布だし（p.47参照）…約7合（1260mℓ）

水（天然水）…適量（さし水）

カツオ節（本枯節。背節）…1つかみ

＊カツオ節は、外側をすべて削り落として準備しておく。

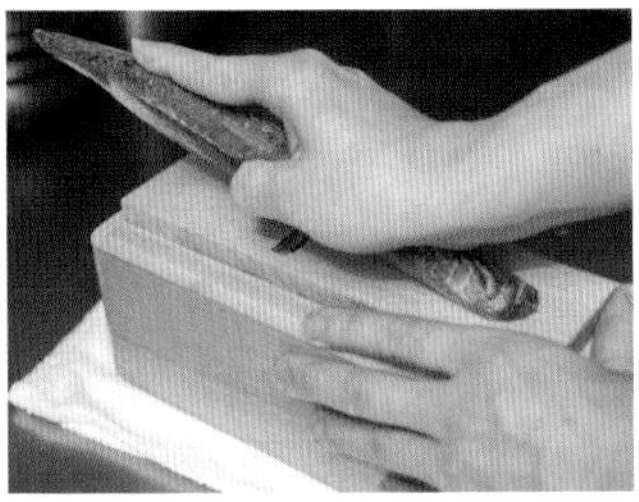

1　お客様の予約時間直前になったら、カツオ節を削りはじめる。

2　削りたてのカツオ節。

3　昆布だしから昆布をとり除き、鍋に入れて火にかける。沸騰直前まで温度を上げて、出てきたアクをとる。

4　火を止めてさし水をし、温度を75℃まで下げ、

5　**2**のカツオ節を入れる。

6　20秒ほどしたら、クッキングペーパーを敷いたザルで漉す。

◎二番だし

昆布だしをとった後の昆布に新たな昆布を足し、カツオの削り節を使用してとります。一番だしほど香りを重視する必要はないので、その日の仕込みの際に用意しています。

材料
昆布（p.47のようにして、昆布だしをとった後のもの＋新たな利尻昆布）…適量
水（天然水）…適量
カツオ節（血合い抜き。削り節）…適量

1 昆布だしをとった後の昆布を鍋に入れ、新たな昆布を加え、水をかぶるくらい加えて火にかける。

2 沸騰してから10分ほどしたら、昆布を引き上げる。

3 カツオ節を入れて、

4 5〜10分弱火にかける。

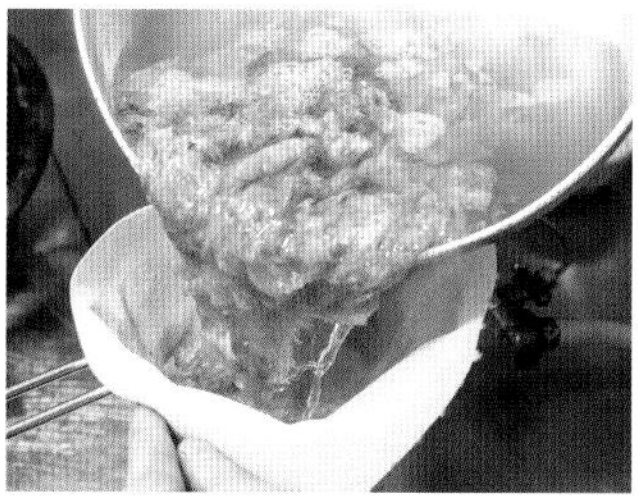

5 クッキングペーパーを敷いたザルで漉す。

6 まわりのペーパーをかぶせて包み、上から玉杓子で押して絞る。

飛騨牛と加茂茄子と九条葱のしゃぶしゃぶ仕立て

油でコクを加えた加茂ナスと、九条ネギの甘味が出ただしで、飛騨牛を召し上がっていただきます。

材料（1人分）
牛ロース肉（飛騨牛。薄切り）
…40～50g
加茂ナス…$\frac{1}{6}$個
九条ネギ…1本
二番だし（p.49参照）…適量
ミリン、塩、薄口醤油…各適量
揚げ油…適量
粉山椒…少量

1 加茂ナスは皮をむき、5～6等分に切り、油で揚げた後、二番だしにミリン、塩、薄口醤油で味つけた地とともに鍋に入れ、2～3分ほど炊く。

2 **1**の鍋に牛肉と、適宜に切った九条ネギを入れてさっと温める。

3 **2**を器に盛り、粉山椒を振る。

鰻と新銀杏の蓮蒸し　山葵

二番だしで作る餡をたっぷりかけて。

材料
ウナギ（＊）…適量
ウナギのたれ（＊＊）…適量
新ギンナン…適量
揚げ油…適量
レンコン…適量
二番だし（p.49参照）…適量
ミリン、塩、薄口醤油…各適量
葛粉…適量
わさび（すりおろし）…適量

＊ウナギは腹開きにした後、真空用袋に入れて真空にし、1週間ほど氷をあててねかせたもの。
＊＊ウナギのたれ：焼いたウナギの骨適量、ミリン4.5合、濃口醤油2.6合、たまり醤油0.8合、煮切り酒0.5合を合わせて加熱する。

1 ウナギは白焼きにし、そのままたれを塗りながら地焼きにする。

2 殻をむいたギンナンを、油の中で煎るようにして揚げて、皮をとる。

3 レンコンは皮をむいてすりおろし、水気を軽くとり、塩で味つける。軽くまとめてクッキングシートを敷いたバットにのせて蒸す。

4 二番だしを熱してミリン、塩、薄口醤油で味つけ、水溶き葛粉を加えて餡にする。

5 **1**のウナギが焼き上がったら、食べやすい大きさに切って器に入れ、蒸し上がった**3**をのせる。**2**のギンナンを散らして**4**の餡をかけ、おろしわさびをのせる。

◎ハモのだし

一番だしとブレンドし、おもに椀物に使用します。

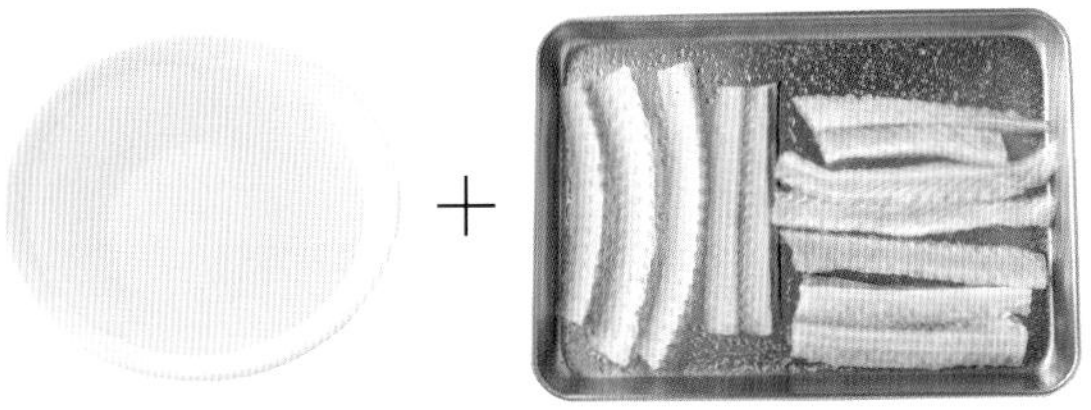

材料
ハモの中骨…適量
昆布だし（p.47参照）…適量
水（天然水）、酒、塩…各適量

1 ハモの中骨は塩をあてて1時間ほどおいた後、沸騰湯に浸けて、霜降りする。

2 氷水にとり、水気をきる。

3 昆布だしを鍋に入れて火にかけ、出てきたアクをとる。

4 **3**に適量の水と酒を加え、**2**のハモの中骨を入れる。

5 沸かさないように、弱火でコトコトと30分ほど加熱した後、

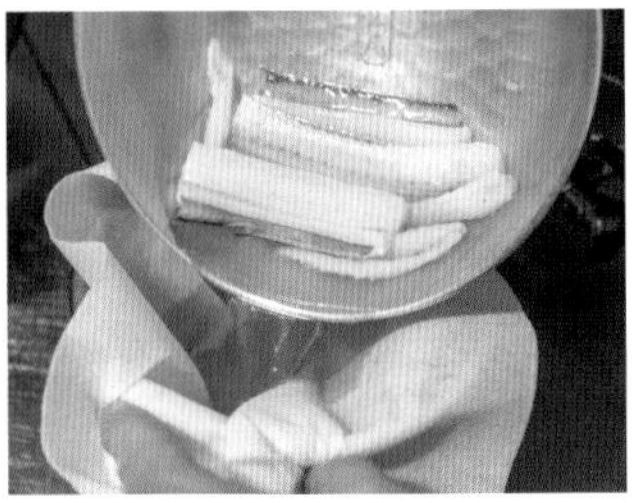

6 クッキングペーパーを敷いたザルで漉す。

だしの科学

骨にはアミノ酸はあまり含まれず、付着している筋肉に含まれるアミノ酸のうちのグルタミン酸が、骨だしのうま味の由来である。骨に付着している筋肉は、マグロのすき身でもわかるように意外とあるので、そこから出ていると考えられる。骨に期待するのはコラーゲンであり、また骨髄も脂質なので、香りに影響する。

鱧と冬瓜と万願寺のお椀

ハモのだしに一番だしを合わせ、うま味を強めています。→208頁

◎アワビのだし

殻からはずしたアワビの身を、酒、水、二番だしを合わせた中で蒸してとります。アワビの塩分があるため、塩は必要ありません。

材料
アワビ…適量
水(天然水)…適量
二番だし(p.49参照)…適量
酒…適量

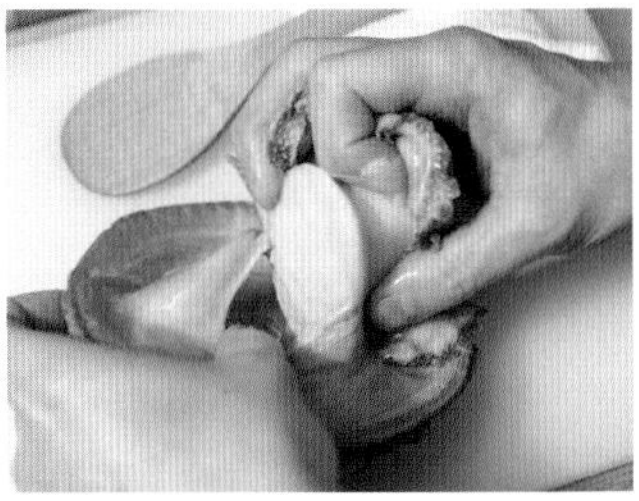

1　アワビは流水にあてながらタワシで軽く洗った後、しゃもじを使って身を殻からはずす。

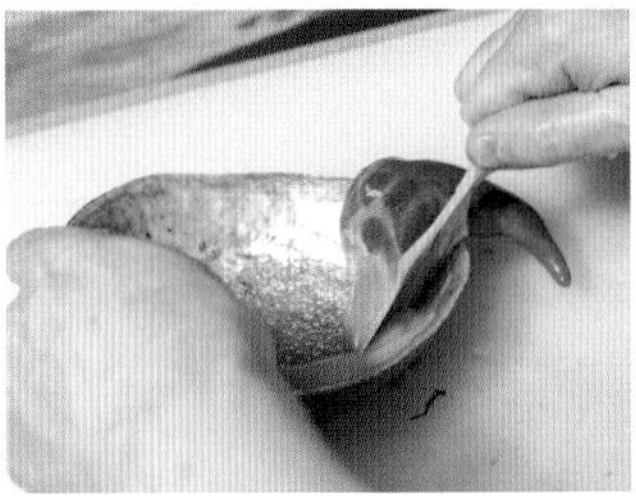

2　肝もはずしておく(ここでは肝は使用しない)。

3　鍋にアワビの身を入れ、水1：酒1：二番だし1の割合で加えて強火にかける。

4　アクが出てきたらとり除く。

5　鍋ごと、蒸気の立った蒸し器に入れ、3～5時間蒸す。

6　途中の状態。蒸し上がりは、アワビの硬さを確認して判断する。

7　蒸し上がったら、鍋ごと氷水に浸けて冷ましながら、アワビに味を含ませる。汁をだしとして使用する。

鮑と加茂茄子と雲丹のジュレ掛け　振り柚子

アワビの肝を別に炊いておき、ソースにして下に敷いてもよいでしょう。

材料
加茂ナス…適量
蒸しアワビ（p.54のようにして、
　だしをとった後の身）…適量
生ウニ…適量
アワビのだし（p.54参照）…適量
揚げ油…適量
二番だし（p.49参照）…適量
薄口醤油、ミリン、塩、酢、板ゼラチン
　…各適量
青ユズ…適量

1 加茂ナスは皮をむき、5～6等分に切り、油で揚げた後、二番だし、ミリン、塩、薄口醤油を合わせた地で2～3分ほど炊く。冷やしておく。

2 蒸しアワビの身を食べやすい大きさに切る。

3 アワビのだしを熱して薄口醤油、ミリン、塩、酢で味つけ、戻したゼラチンを溶かし、冷やし固めてジュレにする。

4 **1**と**2**を器に盛り、生ウニをのせ、**3**のジュレをかけ、振りユズをする。

◎スッポンだし

昆布などは加えずに、スッポンだけでとっています。

材料
スッポン（＊）…１匹
水…８合（1440mℓ）
酒…６合（1080mℓ）
薄口醤油…適量

＊スッポンはさばき、掃除する。

1 スッポンの身やエンペラ、甲羅は霜降りし、薄皮をとる。

2 鍋に水と酒を合わせて火にかける。沸騰したら、1を入れる。

3 アクをとりながら強火で（ときどき弱火にしながら）、30分ほど煮出す。

4 煮詰まって水分が少なくなったら、水を足す。

5 身がやわらかくなり、透明感が出てきたら、薄口醤油を加え、

6 更に10分ほど炊く。

7 鍋ごと氷水に浸けて、急冷する。この後、クッキングペーパーを敷いたザルで漉す。

すっぽんと新生姜の土鍋

だしをとった後のスッポンを細かくたたき、スッポンのだしと合わせて炊き込みご飯に。スッポンを丸ごと使いきる料理です。↓208頁

◎アゴだし

アゴ（トビウオ）の焼き干しでとるだしです。当店では麺料理限定で使用しています。

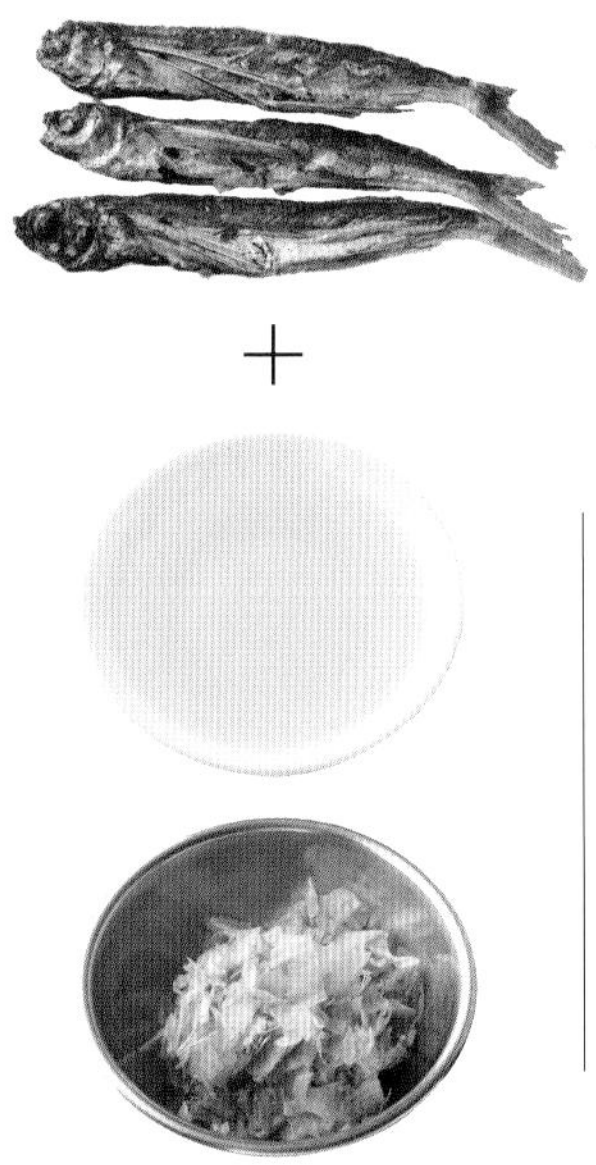

材料
アゴ焼き干し…適量
二番だし（p.49参照）…適量
濃口醤油…適量
ミリン…適量
薄口醤油…適量
煮切り酒…適量
カツオ節…適量

1　アゴ焼き干しははらわたをとり除き、二番だしとともに鍋に入れて半日浸けた後、火にかける。

2　10分ほど加熱して味が出たら、濃口醤油、ミリン、薄口醤油、煮切り酒を加える。

3　カツオ節を入れてすぐに火を止め、

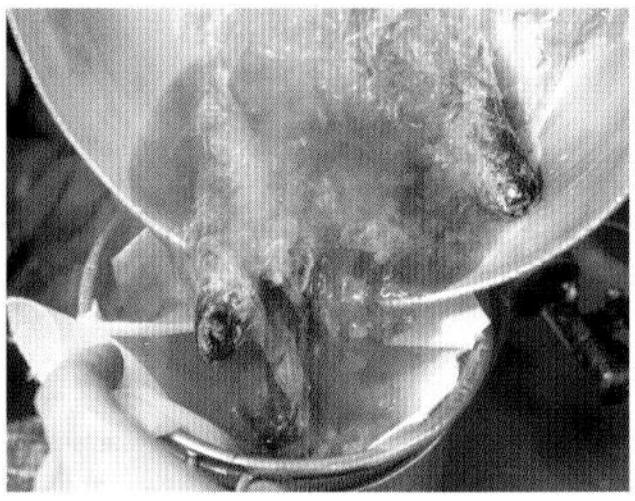

4　クッキングペーパーを敷いたザルで漉す。

5　まわりのペーパーをかぶせて包み、上から玉杓子で押して絞る。

だしの科学
トビウオの煮干しは、イワシの煮干しに匹敵するほどグルタミン酸とイノシン酸が含まれており、強いうま味を感じるだしになる。焼き干しの場合は脂はある程度落ちているが、焼いている間にメイラード反応と脂質酸化反応が起こるため、風味はイワシの煮干しよりも強い。だしは独特の風味になるため、使い方の工夫によって特徴的な料理になる。

鴨と焼きイチジクの半田麺
芽葱

だしのおいしさが際立ちます。コースの中に麺を組み込むと、メリハリがつきます。

材料
鴨胸肉…適量
イチジク…適量
半田麺…適量
ユズ胡椒…適量
アゴだし（p.58参照）…適量
煮切り酒、濃口醤油、ミリン
…各適量
芽ネギ…適量

1 鴨胸肉は、皮目をフライパンで焼いて脂をしっかり落とす。

2 煮切り酒3：濃口醤油0.9：ミリン0.5の割合で鍋に合わせ、湯煎にかける。**1**の鴨肉を入れ、途中で何度か返しながら、15分ほど火を入れる。

3 **2**の鴨肉と地を分けて、それぞれ冷ましておく。冷めたら再び肉を地に戻し、半日～1日ねかせて味を含ませる。

4 イチジクは皮をむき強火で焼く。食べやすい大きさに切る。

5 **3**の鴨肉を食べやすい大きさに切り、両面にかみ切りやすいように細かい包丁目を入れる。裏にユズ胡椒を少量塗りつけておく。

6 半田麺はゆでて、冷水で洗い、氷水に浸けて締める。水気をきり、**4**、**5**とともに器に盛る。冷たいアゴだしをはり、芽ネギをのせる。

［てのしま］

林 亮平

当店の一番だしは、香深産の利尻昆布と一本釣りのカツオを使用したカツオ節でとっています。昆布の量もカツオ節の量も可能な限り少なくし、相乗効果をうまく使って、お客様に満足していただけるだしをとりたいと思っています。

日本料理のだしにとって、昆布ははずせない存在です。昆布に頼らずにだしをとることは、今のところ難しい状況です。しかしこの昆布が、年々採れなくなってきていることは、あまり知られていないのではないでしょうか。僕は、もう昆布がなくなる前提で、新しいだしや料理を考えなければいけないところまで、きているのではないかと思っています。

開店当初、いりこだしを強く打ち出そうと考えたのは、この店らしい特色を出したいと思ったためですが、と同時に、だしは昆布とカツオ節だけではないと。地方にはその土地らしいだしがあって、それにも目を向けてほしいというメッセージでもあったのです。僕はいずれ、林家の本家がある香川県・手島で店をやろうと思っています。都市で学んだ調理技術を使い、郷土料理を再興することが自分の役割で、それが、次の時代の日本料理ではないかとも思うのです。

林 亮平

１９７６年香川県丸亀市生まれ。岡山県育ち。京都の名店『菊乃井』にて、村田吉弘氏に師事。料理修業および食に関するさまざまな経験を積む。17年間務めた後独立し、２０１８年東京・青山に『てのしま』をオープンする。

お客様が満足し、自分も納得できるだしを、コストをおさえた中で効率よくとる方法を日々模索する。昆布に頼りすぎている日本料理の現状に危機意識をもち、昆布を使わない新しいだしの可能性も探っている。

うま味の組み合わせチャート

『てのしま』のだしのうま味の組み合わせを、整理して図で表したものです。

まず、昆布を使うものと、使わないものに分けることができますが、昆布を使うものが圧倒的に多くなっています。昆布を使うものは、更に昆布以外の何のうま味と組み合わせるかによって、図のように分けられます。昆布を使わないものには、生ハムのだしとトマトのだしがあります。右側に挙げたのは、そのだしを使った本書中の料理です。

◎昆布を使うだし

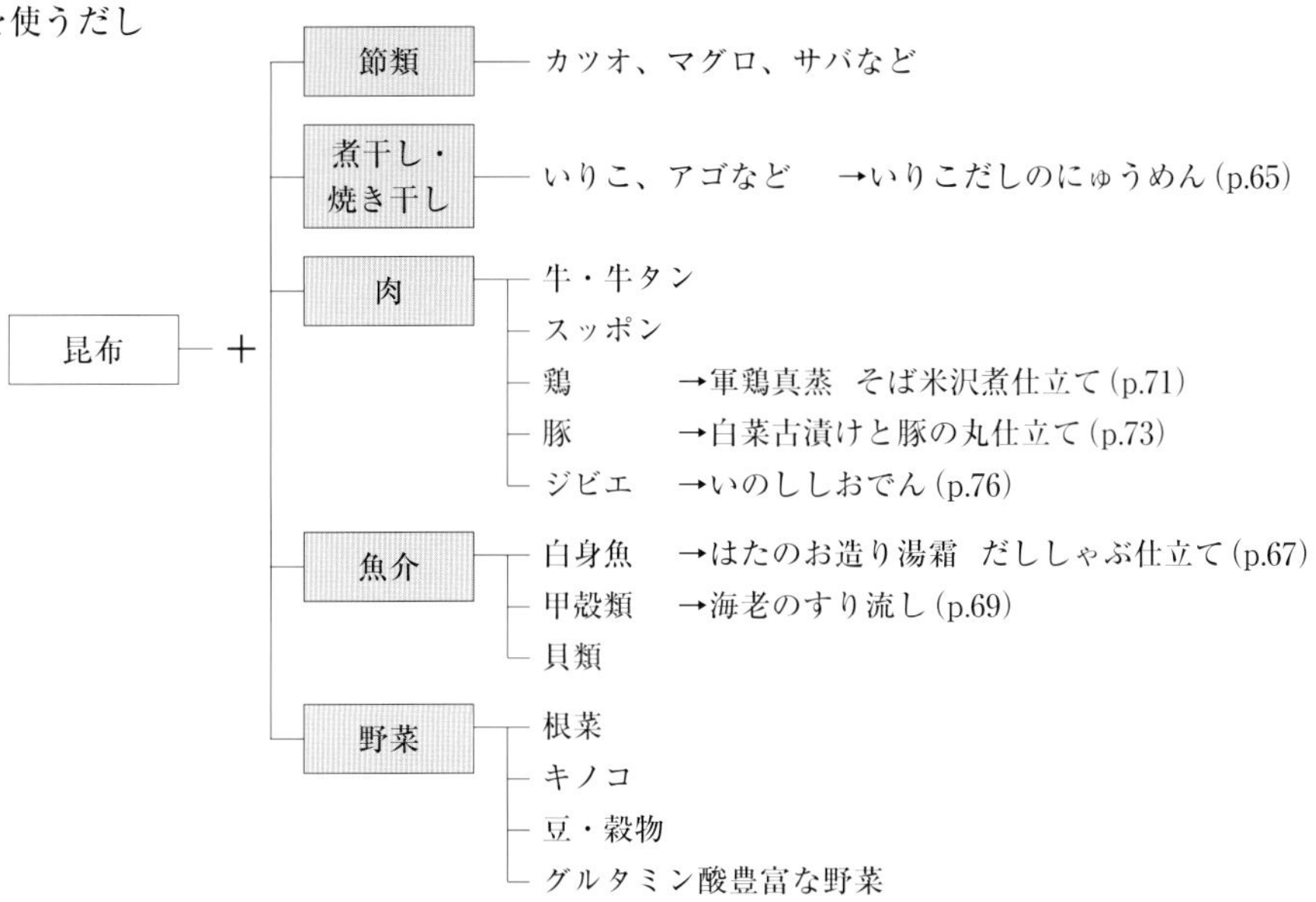

◎昆布を使わないだし

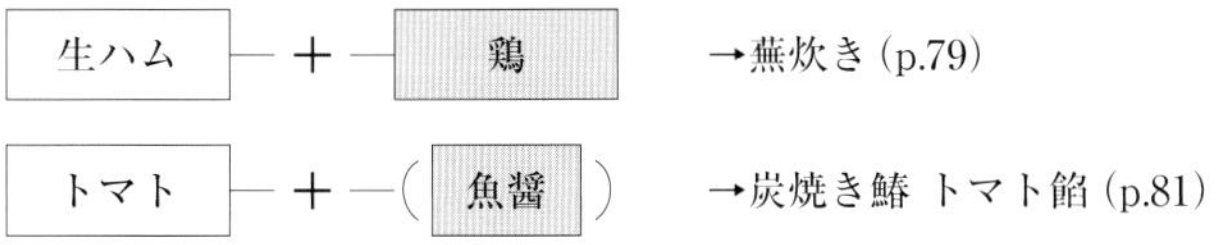

動物性たんぱく質からだしをとる際の調理法チャート

生の魚や肉、骨などからだしをとる場合、下記のような図を頭に入れて、とり方をひとつのパターンとして覚えておくと、応用がしやすいと思います。どのパターンを選ぶかは、最終的にどんな料理を作りたいか、というところからさかのぼって考えます。

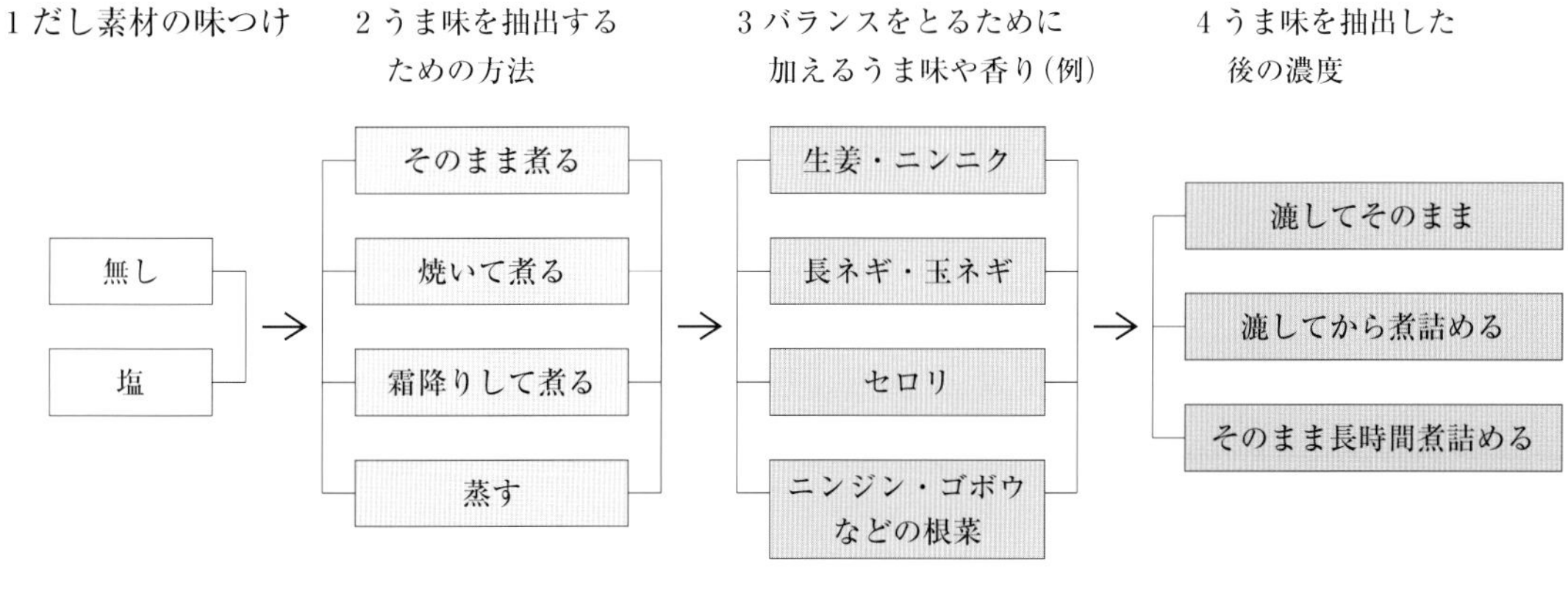

◎昆布だし

おもに一番だしや、他のだしのベースとして使用します。昆布は香深産の利尻昆布。3等検ですが、これで充分おいしいだしがとれます。昆布のフレーバーはあまり求めていないので、いかに最低限の量の昆布で最大限のうま味を抽出するか。これを考えながらひき方を模索し、このような方法になりました。

材料
昆布（香深浜産利尻昆布３等検）…15g
水…1000mℓ

1　前日から、昆布を分量の水とともに鍋に入れて蓋をし、常温（20℃以下の場合）に一晩（8～12時間）おく。

2　**1**の蓋をはずして火にかけ、62～63℃まで加熱する。

3　**2**に蓋をして、スチームコンベクションオーブン（65℃、湿度100％）で、1～1時間半加熱する。

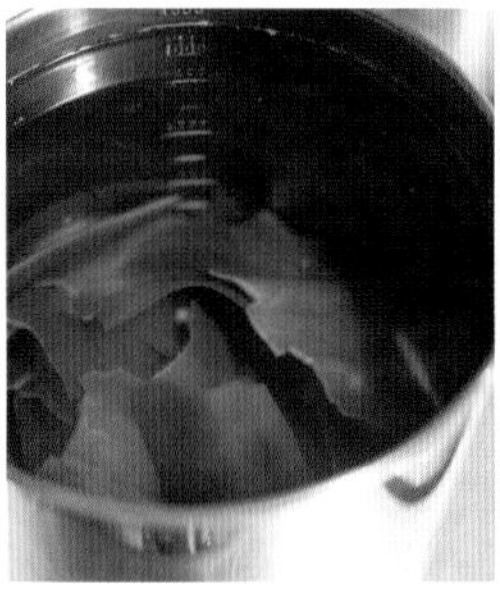

4　加熱が終わった状態。

5　昆布をとり出す。

だしの科学
うま味成分であるグルタミン酸やその他のアミノ酸は水溶性のため、常温の水でも時間をかければ溶け出す。65℃程度まで加熱することで、昆布の組織はある程度は破壊されるが、水出しの段階でほぼ成分は出きっているだろう。また、香りについては、加熱によって多くの化学反応が起きるが、香りを求めていないということから、100℃までの加熱をしていない点でも理にかなっている。

◎一番だし

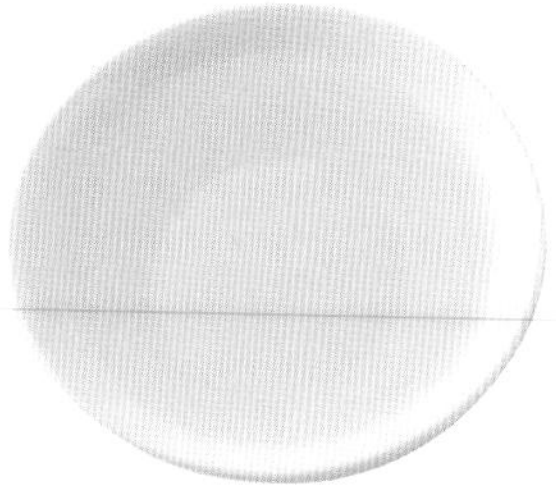

カツオ節は、『タイコウ』さん（東京・晴海）が扱う、近海一本釣り血合い抜きの本枯節を使用しています。このカツオ節でなければ、このひき方はできません。沸かしても酸やえぐみなどの雑味が出ないのは、昔のままの製法で丁寧に加工された、本枯節だからこそです。

できただしはとてもクリアで、濁ることはありません。沸かしているので、しっかりとイノシン酸の抽出もできているのではないかと思います。結果的にカツオ節の量も減らせます。僕が一番だしに求めるのはクリアなうま味です。何かが突出しているわけでもなく、きれいでそこはかとないうま味を感じる。これが理想の一番だしです。

店ではおもにお椀に使っていますが、雑味が出ないということは、たとえばこれでイモなどを長い時間炊いても、渋みなどが出ないということです。その分料理の可能性も広がるといえるでしょう。

材料
昆布だし（p.62参照）…1000㎖
カツオ節（近海一本釣り本枯節削り）…15g

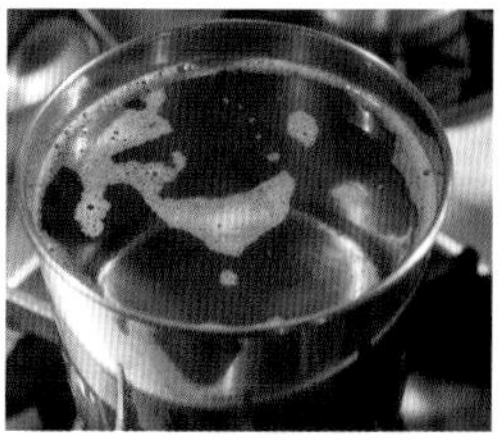

1　昆布だしを火にかけて沸かす。

2　1にカツオ節を加え、

3　弱火で5分加熱する。

4　火を止めて、

5　二重になったザルで漉す。
＊ザルは、目の細かいものに、更に細かいものが組み合わされたものを使用している。

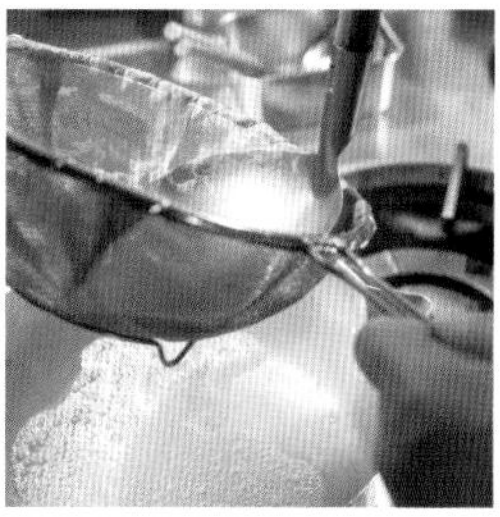

6　だしガラを上から押して絞る。

だしの科学
5分沸騰させた後にだしガラを押して絞ることによって、カツオ節のうま味成分であるイノシン酸だけでなく、カツオ節に含まれるヒスチジン等のアミノ酸（酸味や収斂味を感じる）も絞り出されているはずである。それを感じないということは、うま味の相乗効果を使い、うま味を強く感じさせることで、雑味感を抑制していると考えられる。

◎いりこだし

当店らしい特徴の1つとして打ち出したいと思い、とりはじめただしです。『やまくに』さん（香川県）のいりことの出会いが、自信をもって使えるこのだしにつながりました。

食べておいしい魚と、だし素材に向く魚は同じではありません。それは、カツオでもカタクチイワシでも同じこと。脂は酸化して臭みのもとになるだけなので、だしには必要ありません。かといって、まったく脂のない魚もよろしくありません。だし素材に向いた魚の見極めが大事だといいます。このいりこは、本当に質がいい。

煮出す前に電子レンジにかけることによって、乾物臭さが消えます。カツオ節のように燻していないぶん、この作業は必要です。空煎りより簡単で、時間短縮にもなります。

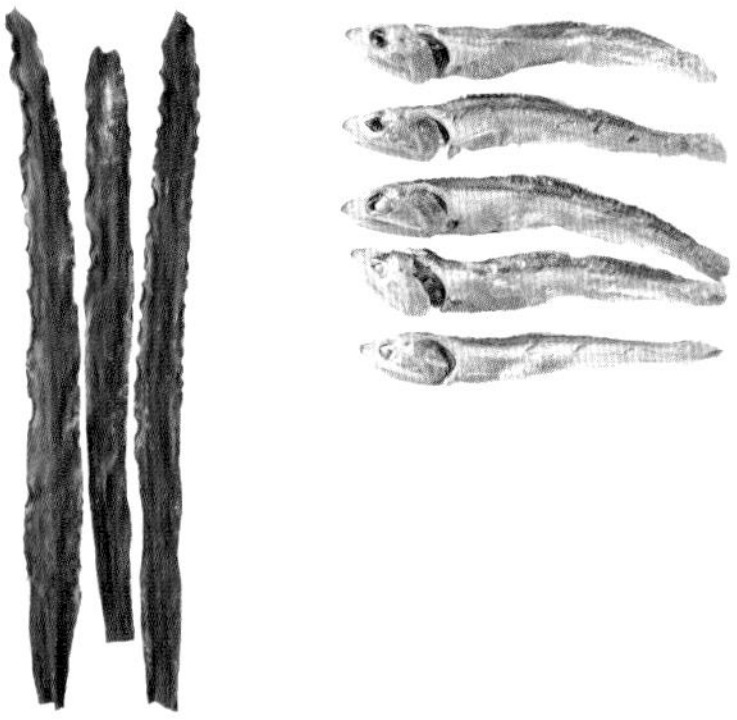

材料
いりこ（瀬戸内海燧灘《ひうちなだ》産）…11g
（えらと内臓をとり除いた重さ）
昆布（香深浜産利尻昆布３等検）…15g
水…1000㎖

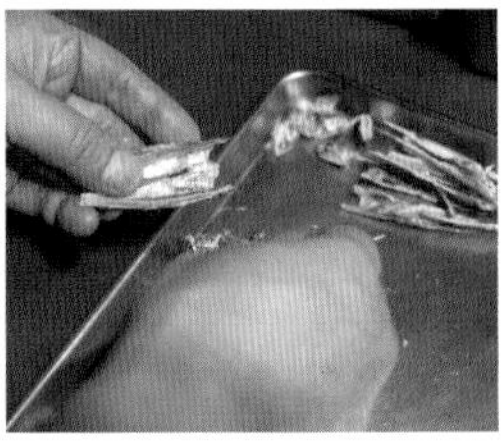

1 前日に、いりこの下処理をする（頭をはずし、エラとはらわたをとり、身を２枚に割る）。

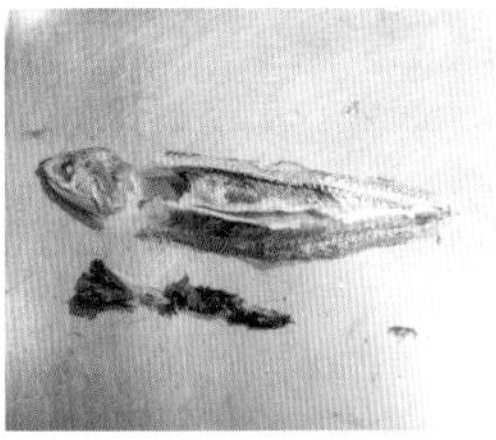

2 エラとはらわたは除き、身と頭の部分を使用する。

3 身と頭の部分を合わせて計量し、600Ｗの電子レンジに45秒かけ、混ぜて更に45秒かける。

4 **3**のいりこと昆布を分量の水とともに鍋に入れて蓋をし、常温（20℃以下の場合）に一晩（8～12時間）おく。

5 蓋をはずして直火にかけ、62～63℃まで加熱する。

6 蓋をして、スチームコンベクションオーブン（65℃、湿度100％）で1～1時間半加熱する。

7 蓋をはずして直火で一度沸かし、あえて、いりこのクセや昆布臭さを出す。

8 ザルで漉す。
＊ザルは、目の細かいものに、更に細かいものが組み合わされたものを使用している。

だしの科学

いりこのうま味成分はイノシン酸であるため、昆布のグルタミン酸とともに味わうことで、うま味を強く感じる相乗効果を利用している。いりこは脂質酸化臭が出やすいため、保存時は酸化をしないように密閉することが重要である。調理においても、ゆっくり加熱したりすると脂質酸化するリスクが高い。その点でも電子レンジで一気に加熱し、乾燥させることで、保存中の脂質酸化物質を揮発させるとともに、脂質酸化する時間を与えていないので、新たに脂質酸化臭も発生しにくいと考えられる。

いりこだしのにゅうめん

いりこだし（64頁）は、いりこを昆布と一緒に加熱してとることにより、いりこのクセや昆布臭さをあえて出すようにしています。きれいな味の中に雑味を入れることで、だしに力強さを出したいのです。

このだしのおいしさをストレートに味わっていただくなら、シンプルなにゅうめんが最適です。↓209頁

◎ハタのだし

貝だしや甲殻類のだしもそうですが、魚介系のだしは長く煮出さないようにします。15～20分で充分。30分以上炊くと、臭みが出てしまいます。濃度が欲しいときは、漉してから液体だけを煮詰めるといいでしょう。

＋

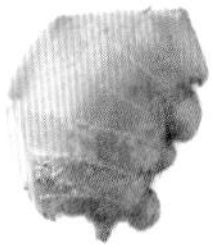

材料
ハタ（マハタ）のアラ…200g
昆布だし（p.62参照）…1000mℓ
生姜（薄切り）…15g
酒…50mℓ

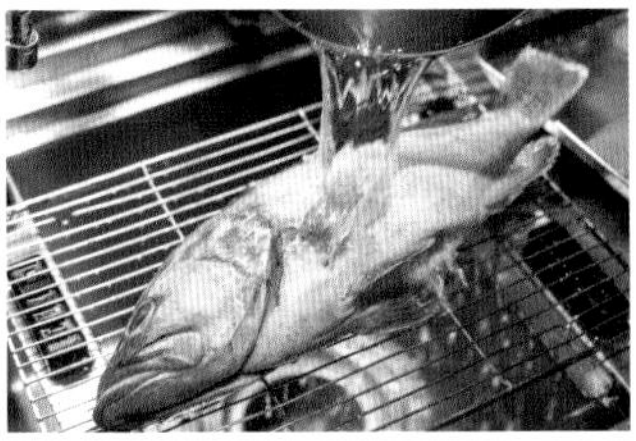

1　ハタのウロコをかき、水洗いする。全体に熱湯をかけ、氷水で冷やす。

2　水気をふいて、三枚におろす（アラはだしに、身は料理に使用する）。

3　ハタのアラを5cm角程度に切り、血や不要なぬめりなどをしっかりとり除く。

4　**3**をクッキングシートを敷いた天板に広げ、スチームコンベクションオーブン（260℃、湿度50％）で10分焼く。

5　焼き上がり。全体に焼き目がついている。

6　**5**のアラを鍋に入れ、昆布だし、生姜、酒を加えて火にかける。

7　コトコトと15分炊き、火を止めてそのまま30分ほどおく。

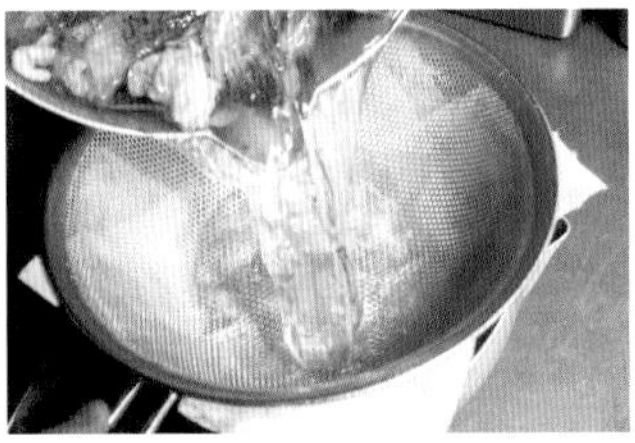

8　**7**を再び火にかけて、沸きかけたら、クッキングペーパーを挟んだザルで漉す。

9　氷水にあてて急冷し、凝固させた脂分をとり除く。

だしの科学

魚のアラだしは、中骨など血液成分が多い部分を使うため、脂質酸化臭が出やすい。したがって、血液成分を完全にとり除くことが重要である。またメイラード反応を起こすまで加熱することで、メイラード反応の香りが臭みを感じにくくしてくれる。フランス料理ではハーブなどを多用するが、新鮮な魚が使えるのであれば、このような処理で臭みを感じさせないことも可能である。

はたのお造り湯霜　だししゃぶ仕立て

ほんのりと温かいハタのお造りに、ハタのだしのうま味をまとわせます。ハタのだしには、ゼラチン質が溶け込んでいるため、身にしっかりまとわりつくのです。→209頁

◎エビだし

安価な冷凍の甘エビを丸ごと使います。バターなどの動物性の油脂は使用せず、野菜のフレーバーを少し加えています。油は太白ゴマ油を使い、量はできるだけ少なくしています。

料理の国籍を決定づけるのは、香りと食後感ではないでしょうか。香りが和を思わせ、食後感に軽さがあれば、日本料理といえるのではないかと思います。そのためにも、だしにおける油脂は、できるだけ排除したいと考えます。甘エビから出た脂や炒める際の油は、最後に漉すことでとり除かれます。

材料
甘エビ…500g
玉ネギ…250g
セロリ…55g
ニンジン…90g
トマト…125g
酒…500㎖
昆布だし（p.62参照）…2500㎖
太白ゴマ油…50㎖

1 甘エビを天板に広げ、スチームコンベクションオーブン（260℃、湿度50％）で9分程度、こんがり焼く。

2 **1**を丸ごとフードプロセッサーにかけて、ミンチ状にする。

3 玉ネギ、セロリ、ニンジン、トマトは1㎝角に切る。鍋に太白ゴマ油をひき、玉ネギ、セロリ、ニンジンを入れ、しっとりするまでしっかり炒める。

4 **3**にトマトを加えて炒め、すべて寸胴鍋に移す。

5 野菜を炒めた鍋を再び火にかけ、**2**を入れてしっかり炒める。

6 全体が香ばしくなって香りが出てきたら、酒を加えて鍋底をこそげとる。

7 **6**を、野菜が入った寸胴鍋に移す。

8　昆布だしを注ぎ、

9　25分炊く。

10　クッキングペーパーを挟んだザルで漉す。

11　ザルの中身を上から押して、しっかり絞る。

だしの科学

甘エビは、深海に生息しているためにたんぱく質分解酵素が多く、死後、自分の酵素で筋肉たんぱく質が分解され、グリシンやアラニンなどの甘味アミノ酸が多く生成されるので甘くなる。一方でメイラード反応も起きやすいため、焼き加減には注意が必要である。玉ネギやニンジンにはブドウ糖も多く、エビと炒める工程でもメイラード反応が起きやすい。焦げる直前を見極めることで、香ばしいだしが得られる。更に、酒を入れて鍋底に付着したメイラード反応生成物をこそげ落とす作業（フランス料理でいうデグラッセ）も重要である。

海老のすり流し

白味噌と合わせてビスク風に。食べると、ビスクのようでありながら、とても軽い。きちんと日本料理になっています。

味にパンチがあるエビだしは、このように少量を飲ませたり、ソースにするなどの使い方がいいと思います。→210頁

◎鶏だし

皮も脂もとり除いた、胸肉を使用しています。他のだしと同様、油脂は必要ないと考えるので、極力とり除きます。昆布や酒のうま味も含めての、鶏だしです。干しシイタケは、別のうま味を添加するために少量を加えているので、だしを飲んでもシイタケを感じることはありません。

材料
昆布・干しシイタケだし（＊）…1000mℓ
酒…50mℓ
鶏（シャモ）胸肉ミンチ(皮、脂肪を除いてミンチにしたもの)…150g
鶏手羽中…200g
生姜…20g

＊昆布・干しシイタケだし：水1000mℓに昆布15gと干しシイタケ5gを前日から浸けておき、p.62の昆布だしと同じ方法でとったもの。

1 鶏手羽は、オーブンシートを敷いた天板にのせて、オーブンで焼き目がつくまで焼く。

2 鍋に鶏ミンチを入れ、冷たくした昆布・干しシイタケだしに酒、生姜を加えて注ぎ、混ぜる。

3 **2**に**1**の手羽を入れて加熱する。

4 焦げつかないようにときどき底を混ぜながら、

5 少し煮出す。

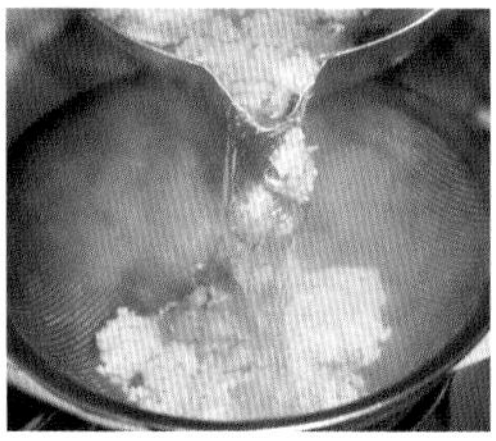

6 クッキングペーパーを挟んだザルで漉す。

7 ザルの中身を上から押して、しっかり絞る。だしは一度冷却して脂分を凝固させてから、再度漉して脂分をとり除く。

だしの科学
鶏は、もも肉よりも胸肉のほうがうま味成分が多く、脂も少ないため、だしには向いていると考えられる。挽き肉にして冷たい状態から加熱することで、挽き肉のたんぱく質がゆっくり凝固するとともに、混濁している油脂をとり込んで浮いてくるため、清澄なだしになっている。

軍鶏真蒸 そば米沢煮仕立て

徳島県の郷土料理である「そば米汁」を、椀に仕立て直したもの。
鶏だしだけでは野暮ったくなってしまうので、
一番だしを合わせることで、上品なニュアンスを加えました。↓210頁

◎豚だし

料理に使う素材からとる、スッポンと同じタイプのだしです。
脂の多いばら肉を使いますが、出た脂はすべて凝固させてとり除くので、だしに脂は感じません。

＋

材料
豚ばら肉(塊)…800g
昆布だし(p.62参照)…2700mℓ
酒…540mℓ
生姜(皮付き厚めのスライス)…50g
ニンニク…1粒

1 豚ばら肉を3等分ほどに切り、オーブンシートを敷いた天板にのせて、スチームコンベクションオーブン(230℃、湿度30%)で13分焼く。

2 圧力鍋に材料をすべて入れ、

3 蓋をして40分加熱する。

4 氷水にあてて冷却し、脂を凝固させる。

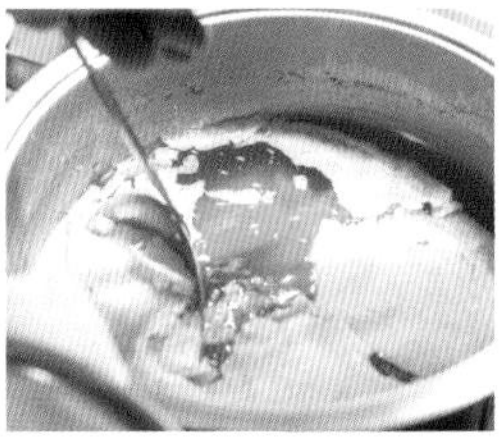

5 凝固した脂をすくって、クッキングペーパーを挟んだザルで漉す。

6 豚肉をとり出し(肉は料理に使用する)、鍋の中のだしをすべて5のザルにあけて漉し、豚だしとする。

だしの科学
豚のおいしさは、肉部分のアミノ酸と脂の香り、コラーゲンのとろみである。コラーゲンは脂部分にも多いため、豚ばら肉を使うことでこれらの成分を引き出すことができる。ただし、コラーゲンは長時間加熱することで、水溶性になりゼラチン化する。そこで、圧力鍋によって温度と圧力を高めて短時間でコラーゲンのゼラチン化を起こしている。脂がだしに混ざり込むと濁ってしまうため、冷却し凝固した脂を除去することで、脂の香りだけをだしに活かしている。

白菜古漬けと豚の丸仕立て

こってりした豚肉に、
白菜の古漬けの酸味がよく合います。↓211頁

◎ジビエだし

イノシシの骨とミンチを使い、赤身主体の鹿肉でうま味を補強しています。ニンニクは、だしを飲んでも感じない程度の量を、風味の底上げのために使っています。イノシシも脂の多い肉なので、脂をきちんととり除くことが重要です。ジビエもいいものを使えば、臭みはありません。

煮詰めれば、メイラード反応によって凝縮感が出るのですが、今回の料理にはそれほど凝縮感は必要ないので、ある程度出たところで漉しています。野菜の皮は、あれば入れるようにしています。特に根菜類はいいだしが出て、野趣味の強い肉とは相性がよく、うま味に複雑さが加わります。

味の強い肉も、ポイントをきちんとおさえておけば、日本料理らしいだしをひくことができるのです。

材料
昆布だし（p.62参照）…2000mℓ
酒…500mℓ
イノシシの骨…500g
イノシシのミンチ…200g
鹿のミンチ…100g
生姜（薄切り）…50g
ニンニク…1カケ
野菜（大根と金時ニンジン）の皮…適量
干しシイタケ…5個

1 イノシシの骨は、クッキングシートを敷いた天板に広げ、スチームコンベクションオーブン(260℃、湿度50%)で10分焼く。

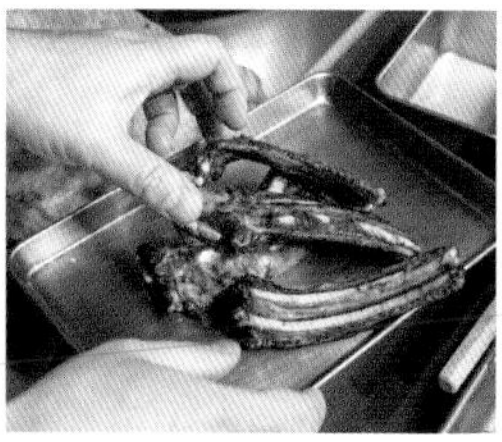

2 骨をとり出し、

3 出た脂は容器にとりおく。

4 イノシシのミンチと鹿のミンチは、それぞれクッキングシートを敷いた天板に広げ、スチームコンベクションオーブン(260℃、湿度50%)で10分焼く。

5 焼き上がったミンチ。

6 出た肉汁は、**3**の容器に入れる。

＊**3**の容器にたまった液体は、ブラストチラーで冷やして固まった脂を除いた後、できただしに戻す。

7 **2**の骨と**5**の2種類のミンチを鍋に入れ

8 昆布だしを加え、

9 酒、生姜、ニンニク、野菜の皮、干しシイタケも加え、強火にかける。

10 沸いたら火を弱め、コトコトとする火加減で加熱する。

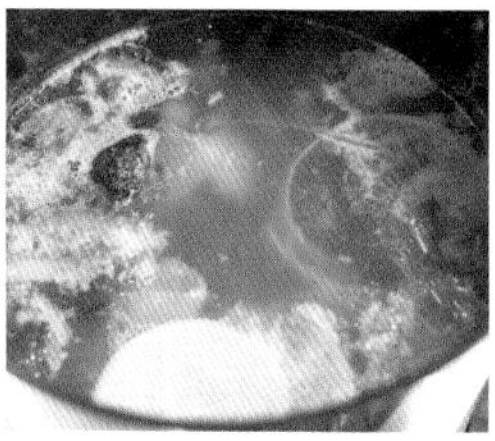

11 アクをとり除きながら、40 ～ 50分ほど炊いたら、

12 クッキングペーパーを挟んだザルで漉す。できただしを氷水にあてて冷却した後、もう一度漉して、凝固した脂をとり除く。

いのししおでん

大根とニンジンを炊き分け、最後に鍋だしをはり、イノシシのつくねと合わせます。料理としては炊き合わせですが、料理名を「おでん」とすることで、「ハレ」の料理を「ケ」に寄せています。

材料

大根（皮をむいたもの）…40g（1人分）×8切れ

A

- ジビエだし（p.74参照）…500mℓ
- 塩（海の精）…6g
- ミリン…7.5mℓ

金時ニンジン…15g（1人分）×8切れ

B

- ジビエだし（p.74参照）…100mℓ
- 金時ニンジンだし（＊）…100mℓ
- 薄口醤油…20mℓ
- ミリン…10mℓ

イノシシのつくね（作りやすい量）

- イノシシのミンチ…500g
- イノシシ肉（7mm角あられ）…400g
- イノシシの脂（7mm角あられ）…300g
- 塩（海の精）…15.5g
- C
  - 生姜（みじん切り）…50g
  - 長ネギ（みじん切り）…50g
  - 塩漬け生黒コショウ（みじん切り）…15g
  - 桜味噌…20g

鍋だし

- 大根を炊いた後のだしと、ジビエだしを合わせ、塩、薄口醤油で調味し、塩分濃度を1.05～1.08%に調える。

田ゼリ（軸の部分を1cm長さに切る）…1人分10g

七味唐辛子…1人分0.5g

＊金時ニンジンだし：

①金時ニンジンの皮とヘタをフードプロセッサーでみじんにする。

②昆布だし10：①のニンジン1の割合で鍋に合わせ、10分ほど煮出して漉す。

1 大根を炊く。皮をむき、40gずつに切り分けて面取りした大根を耐熱容器に入れて、Aのジビエだしを加え、スチームコンベクションオーブン（98℃、湿度100%）で1時間加熱する。大根がやわらかくなったら、Aの塩とミリンを加えて更に5分ほど加熱し、30分ほど常温におく。冷却し、一晩おく。

2 金時ニンジンを炊く。金時ニンジンは皮をむき、大きめ（15g）の乱切りにする。耐熱容器に入れてBのジビエだしと金時ニンジンだしを加え、スチームコンベクションオーブン（98℃、湿度100%）で15分加熱する。ニンジンがやわらかくなったらBの薄口醤油とミリンを加え、そのまま15分ほど常温におく。冷却し、一晩おく。

3 イノシシのつくねを作る。冷やしたイノシシのミンチ、あられに切った肉と脂に塩をうち、粘りが出るまで手早く混ぜ合わせる。Cを加え、更に混ぜ合わせる。1個15gに成形する。

4 小鍋に、温めた**1**の大根と**2**のニンジンを1切れずつ入れ、鍋だしを80mℓほどはり、加熱する。

5 **3**のつくねは、スチームコンベクションオーブン（85℃、湿度100%）で8分加熱する。

6 **4**が沸いたところで火からおろし、**5**のつくねを2個盛り込む。田ゼリを加え、七味唐辛子をあしらう。

◎生ハム鶏だし

昆布に頼らないだしを考える中で、とりはじめただしの1つです。生ハムのうま味だけが欲しいので、不要な油脂分はとり除きます。

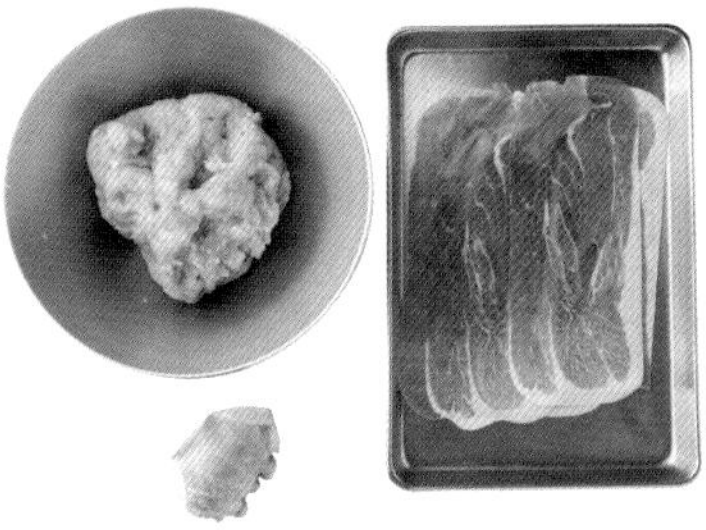

材料

生ハム（スライス。脂は除く）…15ｇ

鶏胸肉ミンチ（皮、筋、脂を除いた胸肉を挽いたもの）…100g

水…950mℓ

酒…50mℓ

生姜（皮付きの厚めスライス）…１カケ分

＊使う生ハムは、安価なプロシュートでよい。

＊生姜の代わりにドライトマト3gを加えると、更にバランスがよくなる。その場合は、分量の水にドライトマトを前日から浸けておき、下記と同様にとる。

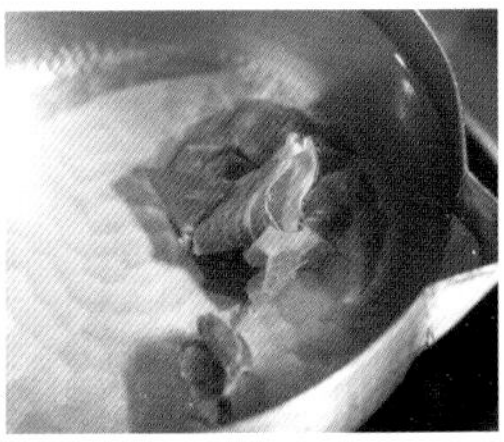

1　鍋に水、酒、生ハム、生姜を入れ、

2　鶏肉ミンチをほぐしながら入れて、火にかける。

3　肉が焦げつかないように、静かにときどき混ぜながら、

4　コトコトと沸く火加減で2～3分加熱したら、

5　クッキングペーパーを挟んだザルで漉す。

6　ザルの中身を上から押して絞る。だしは氷水にあてて冷やし、油脂分を凝固させてから再度漉す。

だしの科学

生ハムは、長期間の熟成期間においてたんぱく質が酵素によって分解し、グルタミン酸が多量に生成している。ただし、塩分が含まれるため、多く入れると塩味が強く出てくるので、このように鶏肉と合わせてうま味の相乗効果を使うことで、だしとして成立させるとよい。

蕪炊き

だしが活きる、シンプルな料理です。

材料
蕪…2個
生ハム鶏だし（p.78参照）…200mℓ
薄口醤油…20mℓ
塩（海の精）…1g
マジヤクリチーズ（吉田牧場製）…少量
ユズ皮（細切り）…少量

1 蕪を六方にむき、耐熱容器に入れて、生ハム鶏だしを注いでクッキングペーパーを落とし、蓋をしてスチームコンベクションオーブン（98℃、湿度100％）で20分、やわらかくなるまで加熱する。

2 **1**に薄口醤油と塩を加え、調味料が溶けたら、冷やして半日～1日おき、味を含ませる。

3 **2**を再加熱し、だしごと器に盛る。ユズをあしらい、マジヤクリチーズを削りかける。

◎トマトだし

昆布を使わずに、トマトだけでとる、グルタミン酸のだしです。

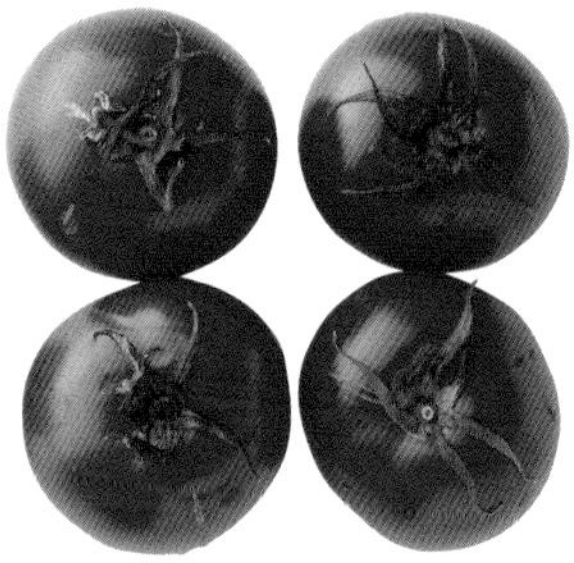

材料

トマト…適量

塩（海の精）…トマトの重量の0.5%

1　トマトのヘタをとり除き、重量の0.5%の塩とともにフードプロセッサーでピューレ状にする。クッキングペーパーを挟んだザルにあけて漉す（自然にしたたり落ちる汁をとる）。

＊ザルに残ったトマトのピューレは、甘酢のジュレなどと合わせてトマトジュレにして使うとよい。

だしの科学

トマトはグルタミン酸が含まれる果実として有名である。トマトだけでだしとして使えるほどの濃さにグルタミン酸をとるとなると、酸味やトマトの香りも強く出てくる。合わせる素材によって、活用の幅は広がるだろう。

炭焼き鰆　トマト餡

グルタミン酸の餡で魚を食べることで、口の中で相乗効果が起こります。

材料

サワラ…1人分50g

塩…サワラの重量の1.2%

トマト餡（作りやすい量）

- トマトだし（上記参照）…100mℓ
- 水…100mℓ
- いしる（魚醤）…15mℓ
- 水溶き葛粉…20mℓ

トマト（皮を湯むきして皮を除き、あられ切り）…1人分15g

大葉（7mm角）…適量

レモンの皮（5mm角）…適量

1　サワラを50gに切り出して、塩をして平串を打ち、常温に1時間おく。強火で皮目をこんがり焼き、少しやすませた後、身の面を強火でさっと焼く、これを何度か繰り返して中をレアに仕上げる。半分に切る。

2　トマト餡を作る。トマトだしを水で割り、鍋に入れて加熱する。いしるを加えて味を調え、水溶き葛粉でとろみをつける。

3　器に**1**のサワラを盛り、**2**の餡をかける。あられ切りのトマト、大葉、レモンの皮をあしらう。

［木山］

木山義朗

木山義朗

　1981年岐阜県生まれ。19歳で京都の『和久傳』に入社。6年後に25歳で京都駅構内に開店した『はしたて』の料理長に。29歳で『京都和久傳』の料理長に就任。計16年務めた後独立。2017年に『木山』をオープンした。

　この店の大きな特徴が、お客様の目の前で節を削りだしをひくスタイル。ここには、日本の食文化を継承するという思いも込められている。昆布や節の仕入れ先は『和久傳』時代から変わらない。

　お客様の目の前で節を削ってブレンドし、昆布だしと合わせてひく。これが当店の一番だしのスタイルです。水は、店の敷地内にある井戸の水を使用しています。この水あってこそのだしでもあります。

　昆布は礼文島・香深産の利尻昆布を。節は、カツオ節（荒節、本枯節）、マグロ節を合わせて使います。比率は、節の状態、水と昆布の状態、そのときの椀の具材で決めています。

　店にはこの3種の節それぞれの、雄節（背節）と雌節（腹節）を常時用意しています。よく雄節と雌節の味の違いを尋ねられますが、どちらかといえば、カツオ自体の個体差のほうが大きいのではないかと思います。節はすべて天日干しのものですので、当然のことながらそれによっても味は変わります。

　このように違いのある節ですから、ブレンドしなければ、だしはすべてその1つの節の味になってしまいます。酸味の強い節を使えば酸味の強いだしに、塩味が強い節を使えば塩味の強いだしになる。ブレンドすることでバランスをとり、極力理想のだしに近づけるのです。もちろん申し分のないバランスの節でしたら、それをメインにしてもいいでしょう。

　店にはカツオ節（荒節、本枯節）、マグロ節を、常時30本ずつほど揃えているため、どんな節がきても、どんな具材がきても、足したり引いたりして対応できるのです。

◎昆布だし

礼文島の香深産の利尻昆布（『奥井海生堂』蔵囲３年もの）を使用しています。蔵でねかせることにより、昆布臭や磯臭さがとり除かれています。

材料
昆布（利尻昆布）
…65～70g＋25～30g
水（井戸水）…5000㎖

1　鍋に分量の水と65～70gの昆布を入れて火にかけ、

2　85℃で1時間15分煮出す。味をみて、昆布を引き上げる。

3　沸騰させてアクをひき、

4　火を止めて、新たに25～30gの昆布を入れ、15～30分おいて味を確認し、昆布を引き上げる。

だしの科学
利尻昆布は、真昆布や羅臼昆布よりもグルタミン酸は少ないが、香りの違いのためか京料理で好んで使われる。蔵囲では、うま味成分は増えないが、昆布臭と磯臭さ成分は揮発して少なくなるとともに、メイラード反応が進むことで香ばしい香りが昆布に付与される。

節を削る

営業前に、整えた節

すべての節は、営業前に削る面を整えておきます。そしてお客様の目の前で、人数分の節を削り、だしをひきます。節を削るときのイメージは、「カンナで味を調える」という感じ。味つけをカンナでする感覚です。節の選択と配合、カンナの調節がうまくいけば、調味料に頼らなくても味が調うのです。

節は硬さ（水分量）、脂分がみな違います。削る際には、当然硬いもののほうが力はいるし、やわらかいものであれば力を抜きます。一般的に節は、斜めにした状態で削ります。この削り方のメリットは、削る面積が小さくてすむため力がいらないのと、ロスがないことです。しかし私は、同じ重量でも面が広めの削り節のほうが、おいしいだしが出ると思うため、そのような削り方をしています。節はまた、頭側と尾側で味が異なりますから、長く削ることによって、味が均一にもなるのです。デメリットは、力が必要なのと、ロスが多く出ることでしょうか。また、カンナがよくなければ、この状態には削れません。カンナの刃の厚みと切れ味は重要です。節が薄くなってきたら側面も削り、最後に細く残った部分は業者に機械で削ってもらい、まかない用にしています。

削り節の厚みは、薄ければいいというものでも、厚ければいいというものでもありません。同じ節でも厚みによって感じ方が変わり、それがそのままだしの味の違いにもなりますから、厚みによっても味を調整することができるのです。わかりやすくいえば、パンチが強い節なら薄く、品がある節なら少し厚めに削って荒っぽさを加えてあげる。節と削り方の両方で、だしの味を決めるのです。

◎一番だし（吸い物だし）

節は、カツオ節（荒節、本枯節）、マグロ節をブレンドして使いますが、この3種類の節は役割が異なります。担当する味と香りの場所が違うといえばいいでしょうか。たとえば、お椀の蓋を開けたときの、ふわっとした香りは、カビのないカツオ節（荒節）で、味わいの長い余韻は本枯節。そして膨らみと甘味を加え全体をキュッと締めてくれるのが、マグロ節の役割だと思っています。そしてこれらをブレンドすることで、厚みのある味わいが生まれ、調味料による味つけはほとんど必要なくなるのです。

　ひきたての一番だしは、小さな盃に注いでお客様にお渡しします。だしの一番いい香りを、お客様ご自身で楽しんでいただくのです。

　昆布を主体にするのか、あっさりめにするのかなど、季節、具材などによって調整しますが、今回は甘鯛のお椀に使用するため、風味が喧嘩しないようカツオ節はややおさえめにしています。これがたとえば若筍煮などでしたら、カツオをもう少しきかせます。

＋

材料（１人分）
昆布だし（p.83参照）…約150mℓ
- 昆布（利尻昆布）…65～70g＋25～30g
- 水（井戸水）…5000mℓ

削り節（カツオ節〈荒節〉、カツオ節〈本枯節〉、マグロ節のブレンド）…計8～10g

＊昆布だし約150mℓ、削り節8gを合わせて漉すと、120～130mℓのだしがとれ、これが１人分の椀に使う量になる。

1　p.83のようにして昆布だしをとる。

2　3種類の節を削る。

3　80～90℃に熱した昆布だしに、**2**の削り節の割合を決め、計りながら入れる（まわりについている細かいカスは、できるだけふるい落としてから入れると、濁らない）。削り節を入れたら火にはかけない。

4　1～2分おいて味を確認し、クッキングペーパーを敷いた漉し器に注いで漉す。

甘鯛と蕪の椀

お椀は、具材によってだしがまったく変わります。ここでは甘鯛のうま味と蕪の甘味があるため、だしはカツオをきかせすぎないように、昆布主体でマグロ節をメインにし、本枯節を加えます。荒節は、お椀の蓋を開けたときの香りの部分だけにしたいので、ほんのわずかしか使いません。

材料
甘鯛…適量
聖護院蕪…適量
菜の花…適量
ユズ皮…適量
一番だし（p.85参照）…適量
青味の地（一番だしに酒、塩、薄口醤油で味つける）…適量
塩、酒、薄口醤油、葛粉…各適量

1 水洗いした甘鯛を三枚におろし、骨を抜き、塩をあててなじむまでおいた後、切り出す。

2 菜の花は掃除して切り、湯がいて水気をきり、青味の地に浸ける。

3 ユズ皮は小角に切る。

4 聖護院蕪は、直径9㎝ほどの円柱にむく。1㎜厚さほどにスライスし、湯がいて水気をきり、青味の地に浸ける。

5 **1**に葛粉をつけてさっと湯に通し、氷水に落とし、水気をきる。バットに移して酒をふり、100℃で5分蒸す。

6 器に**5**、**2**、**3**を盛って**4**をのせる。

7 一番だしを温めて、酒、塩、薄口醤油で味を調え、**6**にはる。

◎アユのだし

和食の基本は、濁らせずにだしをとることですが、アユのだしは、あえて白湯《パイタン》のように白濁させてとっています。ポイントは、中骨を焼くこと（臭みがとれ、香ばしさがプラスされます）、そして強火で沸かしながらこまめにアクをとることです。

材料
アユの中骨…20尾分
水（井戸水）…600mℓ
酒…200mℓ
昆布（利尻昆布）…10g

だしの科学
アユはタイやヒラメにくらべるとグルタミン酸が多い。炭火で焼くことにより、メイラード反応の香ばしい香りのあるだしになる。

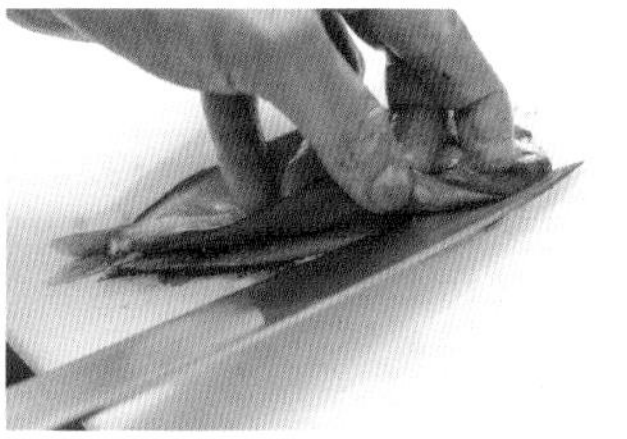

1 アユは背開きにして、中骨をとり出す（身は塩をして一夜干しにし、料理に使用する）。

2 アユの中骨を炭火で焼く。

3 焦げやすいので、こまめに裏返しながら両面とも香ばしく焼く。

4 **3**の中骨を鍋に入れ、分量の水、酒、昆布を加えて火にかける。

5 途中アクが出たらとり除き（だしが濁りやすいので、しっかりとこまめにアクをとる）、

6 20分ほどコトコトと煮出す。

7 火からおろしてそのまま冷ます。

8 クッキングペーパーを挟んだザルで漉す。

9 **8**を再び火にかけて、更に少し煮詰める。

鮎一夜干しとおこげ

白湯のようにしてとったアユだしを餡にし、中華のおこげのように仕立てました。ただしゴマ油などの油分は加えません。

材料
アユの一夜干し…適量
おこげ…適量
鷹峯唐辛子…適量
アユのだし（p.88参照）…適量
薄口醤油、塩…各適量
葛粉…適量
青味の地（一番だし〈p.85参照〉に酒、塩、薄口醤油で味つける）…適量
揚げ油…適量

1 アユの一夜干しは、両面を炭火で焼く。

2 鷹峰唐辛子は種をとり、180℃の油でさっと揚げ、青味の地に浸けておく。

3 200℃に熱した油で、おこげを揚げる（低い温度の油で揚げると、おこげが戻る前に焦げるので注意する）。

4 **3**のおこげ、食べやすく切った**1**、輪切りにした**2**を、温かい器に盛る。アユのだしを温めて薄口醤油、塩で味を調え、水溶き葛粉でとろみをつけてかける。

◎ホタルイカのだし

ホタルイカには、とても強いうま味を感じます。しかし見た目が一般的な素材なので、どうにかその味だけをとり出せないかと考えたものです。

材料
ホタルイカ…300g
水（井戸水）…1ℓ
昆布（利尻昆布）…5g

1 ゆでたホタルイカは、目、口、軟骨を掃除し、適宜に刻む。

2 1を鍋に入れて水を加え、昆布を入れて火にかける。

3 沸騰したらアクをとる。

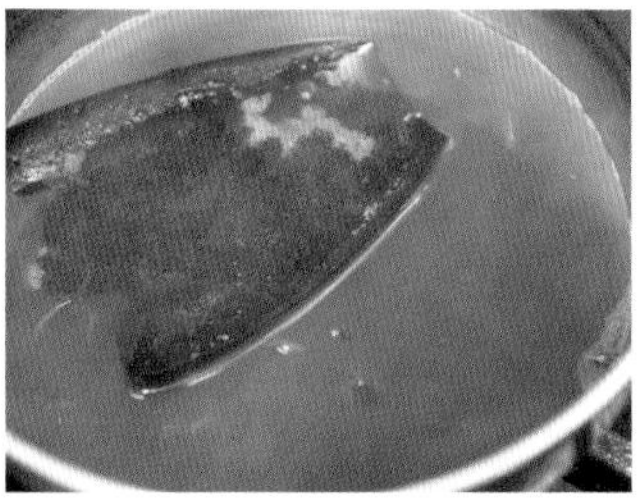

4 火を弱め、20 ～ 30分加熱し、味を確認する。

5 味が出ていたら、クッキングペーパーを挟んだザルで漉す。

蒸し鮑とほたるいか出汁の飯蒸し

ホタルイカのだしを使えば、姿はなくても、ホタルイカの味がする飯蒸しができ上がります。

材料
硬めの飯蒸し…適量
ホタルイカのだし（p.90参照）…適量
アワビの柔らか煮（p.211「冬瓜と夏の貝寄せ」参照）…適量
ウグイス菜…適量
薄口醤油…適量
昆布だし（p.83参照）…適量（必要なら）
青味の地（一番だし〈p.85参照〉に酒、塩、薄口醤油で味つける）…適量

1 ウグイス菜は湯がき、青味の地に浸ける。

2 アワビの柔らか煮は、適当な大きさに切る。

3 硬めの飯蒸しを鍋に入れ、ホタルイカのだしをひたひたにはり、しゃもじで1粒1粒がバラバラになるようにほぐす。

4 **3**の鍋を火にかけて、しゃもじでしっかりと全体を混ぜながら、中火で煮詰めていく（もち米が芯までふっくらし、少し粘りが出るくらいまで煮詰めるとおいしい）。

5 **4**を煮詰めきる前に味見し、薄口醤油で味を調える（味が濃い場合は、昆布だしで調整する）。

6 **5**を器に盛り、温めておいた**1**と**2**を添える。

◎貝わたのだし

貝はうま味が強い素材。掃除した後に出る肝やヒモなどの捨てる部分でも、おいしいだしがとれます。

材料
貝（トリ貝、サザエ、ミル貝、平貝、バイ貝）の
　肝とヒモ…各２個分
酒、水（井戸水）…各適量（同量）

1　貝は殻からとり出して掃除し、身と肝やヒモに分ける（身は料理に使用する）。

2　**1**の肝やヒモを合わせて鍋に入れ、

3　酒と水を1：1の割合で合わせ、全体がしっかり浸かるように**2**に注ぎ、火にかける。

4　途中アクが出たらとり除き、コトコトとする火加減で20～30分煮出す。

5　味が出たら、火からおろしてそのまま冷まし、クッキングペーパーを挟んだザルで漉す。

冬瓜と夏の貝寄せ

冬瓜には、うま味の強いだしが合います。鶏のだしやウナギのだし、中でも貝のだしとの相性は、とてもよいと思います。↓211頁

◎スッポンのだし

スッポンは、身も料理に使う場合とだしだけを使用する場合では、だしのとり方が少し変わります。身を食べる場合は水と酒の量を減らし、身に味をつけるようにしますが、当店では、スッポンはだしをとるためだけに使用するため、味を出しきるとり方をします。さばく際には濁りの原因になる血合いや皮は丁寧にとり除き、煮詰める際にも丁寧にアクをとり除くことが大事です。

材料
スッポン…1匹(約800g)
水(井戸水)、酒、濃口醤油…各適量

＊スッポンは、長崎県島原産の養殖もの。800gのメス。

スッポンをさばく

1 首を切り落とす。

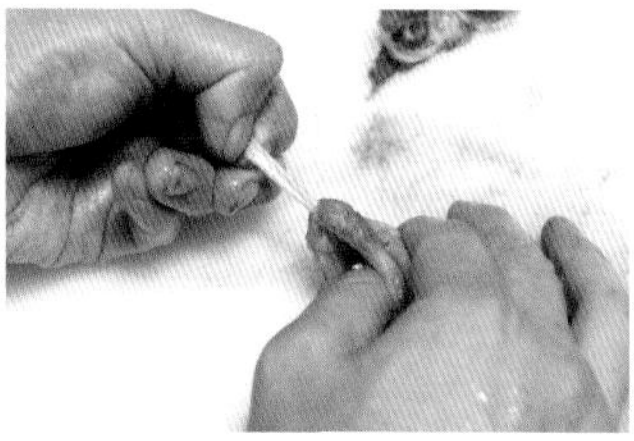

2 食道を引き抜く。

3 エンペラを残して甲羅に丸く切り目を入れ、

4 甲羅の内側をはがすように包丁を入れ、

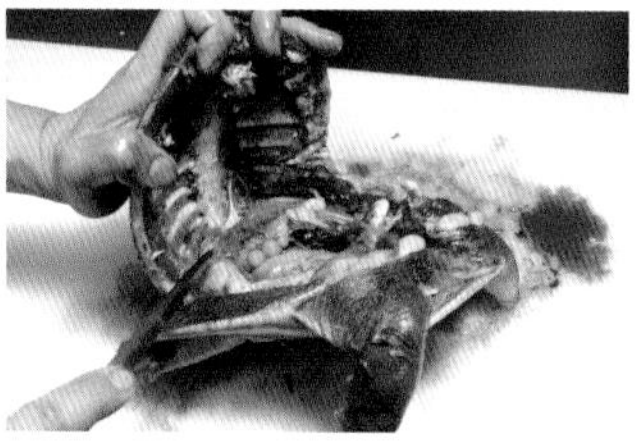

5 甲羅をはがす。

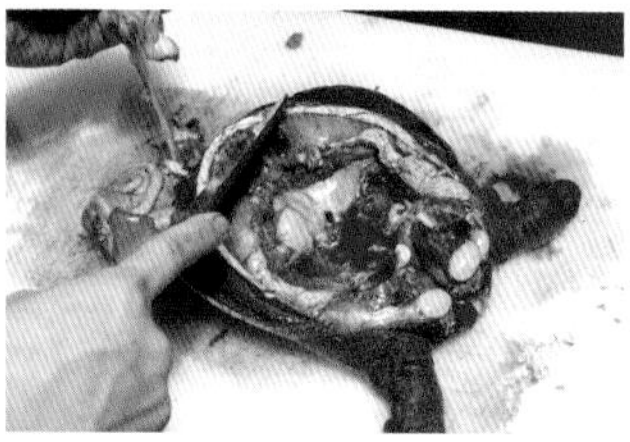

6 余分な内臓や血合いを掃除する(脂はおいしさのもとでもあるので、ある程度は残す)。

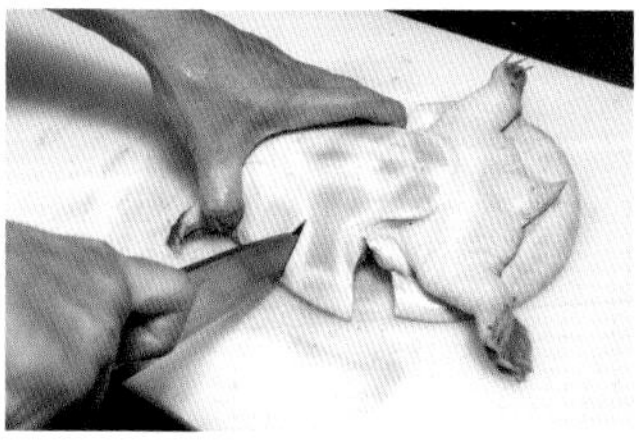

7 腹甲の、左右2ヵ所ずつに切り込みを入れる。

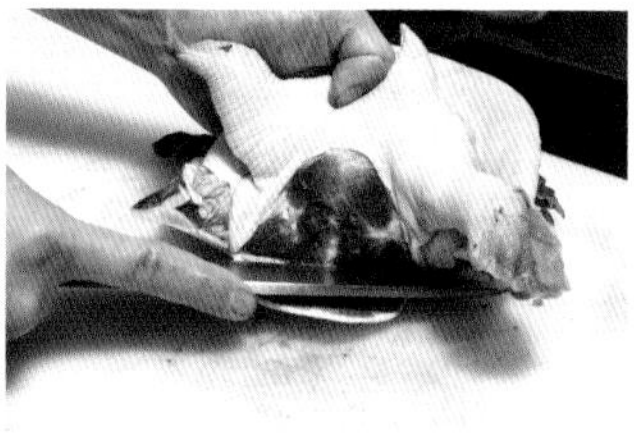

8 中央の丸い部分を削るように包丁を入れる。

9 腹甲を包丁でおさえ、左手でもった身を引きはがす。

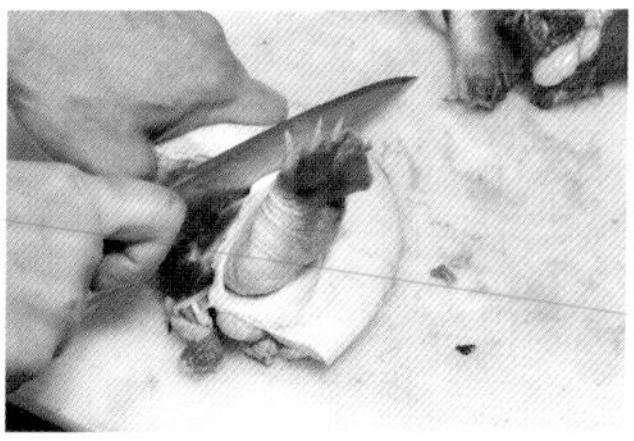

10 足を切りはずし、

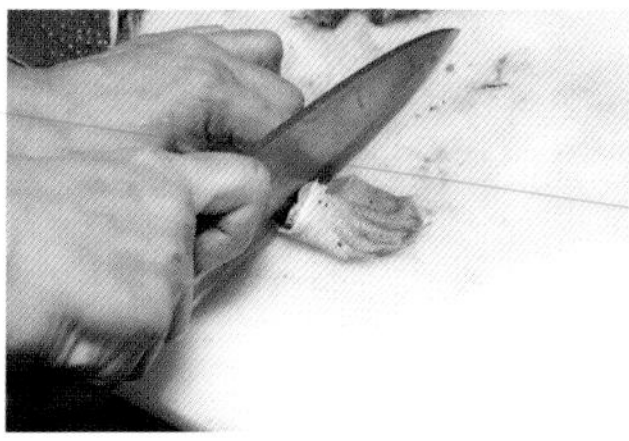

11 足先を切り落とす。

12 さばき終わったスッポン。

スッポンのだし

1 さばいたスッポンは水によくさらし、血抜きをする。

2 80℃の湯で霜降りし、

3 皮をとり除く。

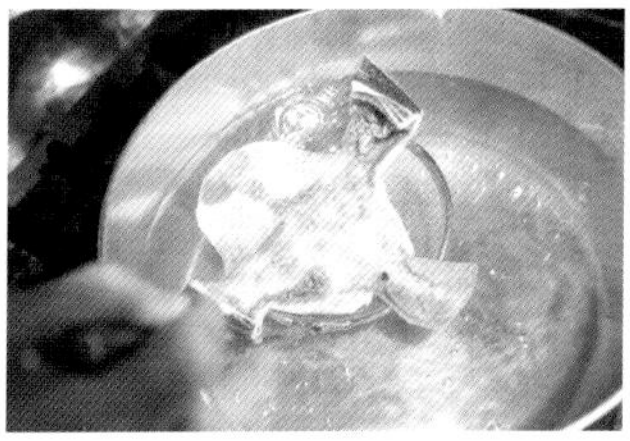

4 腹甲羅も同様に霜降りし、

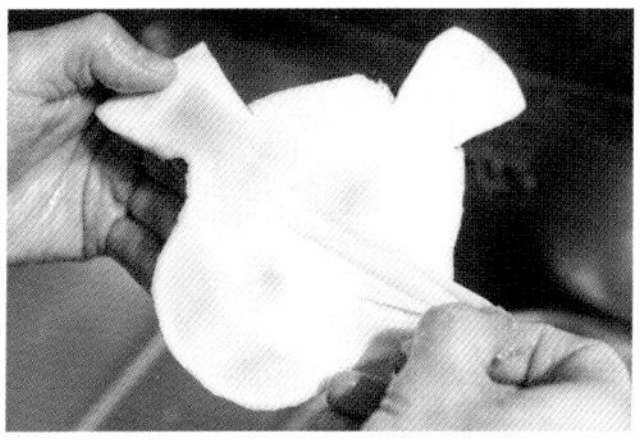

5 皮をとり除く。

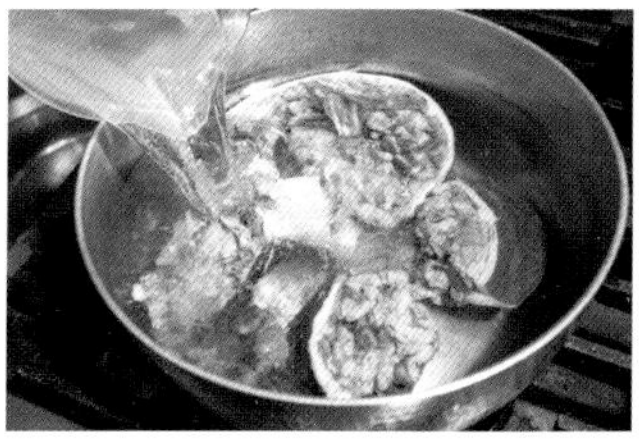

6 掃除したスッポンを鍋に入れ、水、酒を入れる。

7 強火にかけ、沸いてから10分煮出す。出てくるアクはひき続ける。はじめは血が混じり赤みがかっていたアクが、だんだん白くなってくる(ここでアクをしっかりとらないと、透明なだしにならない)。

8 アクが出なくなったら弱火にし、更に15～20分ほど加熱し、濃口醤油を少量加える。

9 火を止める。このまま一晩冷蔵庫におき、煮凝りになったものを使用する。

松葉蟹とすっぽんの煮凝り

間人《たいざ》港～浜坂で水揚げされる、浜ゆでの松葉ガニを使用。いっさい濁らせることなくコクを出したスッポンのだしを、ゼラチンを使わずに煮凝りにして合わせます。煮凝りの固さの調整がポイントです。

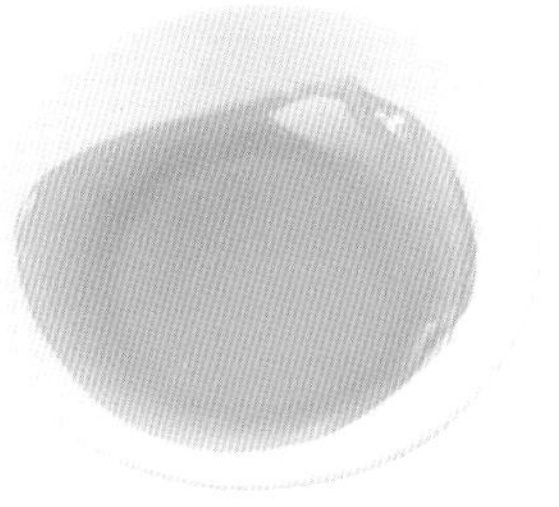

材料

松葉ガニ（1 ～ 1.2kg。浜ゆで）…適量

スッポンのエンペラ（p.95のようにして、だしをとった後のもの）…１匹分

スッポンのだし（p.94参照）…2000mℓ

薄口醤油、濃口醤油…各適量

生姜（針生姜）…少量

1 95頁のスッポンのだしガラから、エンペラをすべてとりはずす（エンペラに身がついているとだしが濁るので注意する）。

2 鍋に水1000mℓと**1**のエンペラを入れて火にかけ、水が1／3量ほどになるまで中火で煮詰める。すいのうで漉す（エンペラはとりおく）。

3 別鍋に2000mℓのスッポンのだしを入れ、**2**のだしを加える。

4 **3**の鍋を火にかけて、濃口醤油と薄口醤油で味を調える。容器に移し、冷蔵庫で一晩冷やして煮凝りにする。

5 浜ゆでの松葉ガニの身をほぐし、生姜と和える。

6 器に**5**のカニと**2**のエンペラを盛り、**4**の煮凝りをスプーンですくってのせる。

◎チーズのだし

毎年、スペインのカタルーニャの料理人とのイベントを行っており、その際に教えていただいただしです。チーズ独特の強い香りやうま味をマイルドにするなら、卵と合わせるのがいいでしょう。和食に使うなら、チーズはパルミジャーノがもっとも向いていると思います。

材料
パルミジャーノ・レッジャーノ・チーズ
（真空包装していないもの＊）…100ｇ
水（井戸水）…1000㎖

＊チーズは真空包装していないもののほうが、味が出る。

1　パルミジャーノ・レッジャーノ・チーズを5㎜角に切る。

2　**1**を鍋に入れ、分量の水を注ぐ。

3　ラップフィルムで密閉し、火にかける。弱火で（または90℃のスチームコンベクションオーブンで）1時間加熱する。

4　**3**を火からおろし、そのまましっかり冷ます。クッキングペーパーを挟んだザルで漉す。

5　チーズのうま味が溶け出ただし。

だしの科学

パルミジャーノ・レッジャーノ・チーズは、グルタミン酸が非常に多く、イタリアでもブロード（だし）に外側の皮の部分を入れることがある。ここでは、チーズ自体を煮出してグルタミン酸を抽出し、だしをとっているが、チーズからとっただしの問題は、塩分があることである。チーズの塩加減によってだしの抽出の程度が変わるため、塩分をチェックすることが重要。またパルミジャーノ・レッジャーノ以外のチーズもグルタミン酸が多いので、チーズの風味から、料理に適したチーズを選択するとよい。

うにとパルミジャーノ半張り蒸し

チーズだしで、うま味を加えた茶碗蒸し。餡にもチーズだしを使用しています。

材料
卵…1（割合）
チーズのだし（p.98参照）…2.5（割合）
薄口醤油、塩…各適量
オカヒジキ…適量
葛粉…適量
青味の地（一番だし〈p.85参照〉に酒、塩、薄口醤油で味つけたもの）…適量
生ウニ…適量
花穂紫蘇…少量

1 卵1に対して、チーズのだし2.5の割合で合わせ、薄口醤油と塩で味を調えて漉す。

2 **1**を型に注いでスチームコンベクションオーブンで蒸し、粗熱をとった後冷蔵庫で冷やす。

3 オカヒジキは湯がき、水気をきり、青味の地に浸ける。

4 チーズのだしを鍋に入れて火にかけ、塩と薄口醤油で味を調え、水溶き葛粉でとろみをつけ、氷水にあてて冷ます。

5 **2**を型からとり出して、器に盛り付ける。上にウニを盛り、上から**4**を注ぎ入れ、手前に**3**のオカヒジキを添え、花穂紫蘇を散らす。

◎トウモロコシのだし

トウモロコシの軸に水と昆布を加えて煮詰めます。しっかりと煮詰めることで、まるで砂糖を加えたような甘いだしがとれます。

材料
トウモロコシ
（北海道産ゴールドラッシュ）の軸…５本
水（井戸水）…適量
昆布…15ｇ

＊トウモロコシは、外側の緑色の皮をとり除き、蒸す。冷めたら実を包丁で削りとり（実は料理に使用する）、軸は半分の長さに切る。

1　トウモロコシの軸を鍋に入れ、ひたひたよりやや多めに水を注ぎ、昆布を入れる。

2　**1**を火にかけて、コトコトとする火加減で30分ほど加熱する（ラップフィルムで密閉してもよい）。アクが出れば途中でとり除く。

3　味を確認し、しっかりと味が出ていたら火を止める（加熱時間はあくまでも目安なので、必ず味を確認する）。クッキングペーパーを挟んだザルで漉す。

白玉なんばスープ（デザート）

よけいなものは何も加えずに。トウモロコシの軸でとっただしと、実を砕いたジュース、薄皮も余すところなく使った、トウモロコシづくしのデザート。

材料
トウモロコシ
（ゴールドラッシュ）
の実…適量
トウモロコシのだし
（上記参照）…適量
白玉粉…適量

1　トウモロコシの実はスロージューサーにかけ、ジュースと薄皮とに分ける。

2　**1**の薄皮は、クッキングシートを敷いたバットに薄く均一に広げ、ガスレンジの上などにおいて（または低温のオーブンで）カリカリになるまで乾燥させる。

3　ボウルに**1**のジュースと冷やしたトウモロコシのだしを入れて、混ぜ合わせる。

4　白玉粉12ｇに水を約8㎖入れて練り、7ｇの白玉を3個作る。トウモロコシのだしでゆでて（トウモロコシの風味がつく）、別に用意しておいた、冷やしたトウモロコシのだしに落とす。

5　**3**を器に注いで**4**の白玉を入れ、**2**の薄皮のチップを添える。

◎キノコのだし

キノコと昆布を合わせて水を加え、ゆっくり加熱することで、うま味の強いとろみのあるだしがとれます。使用するキノコは7種類。ナメコやブラウンエノキはとろみがつくため、必ず入れるようにします。ただし入れすぎるとバランスが崩れるので注意が必要です。

だしをとり終わった後のキノコは、味が抜けているためそのままでは使えません。使うなら、だしを含ませて餡などにするといいでしょう。

材料

キノコ（アワビタケ、ナメコ、マイタケ、
　ヒラタケ、本シメジ、エノキ、
　ブラウンエノキ＊）…各１パック

水（井戸水）…適量

昆布…15ｇ

＊季節によっては、ハナビラダケを入れるとおいしい。

1　キノコは石づきをとり、適当な大きさに切る。

2　1を鍋に入れ、水をひたひたよりやや多めに加えて昆布を入れ、火にかける。

3　沸いてきたらアクをとり、ラップフィルムで密閉し、コトコトする火加減で2時間ほど加熱する。

4　加熱後（昆布は味が出たらとり出す）。

5　クッキングペーパーを挟んだザルで漉す。

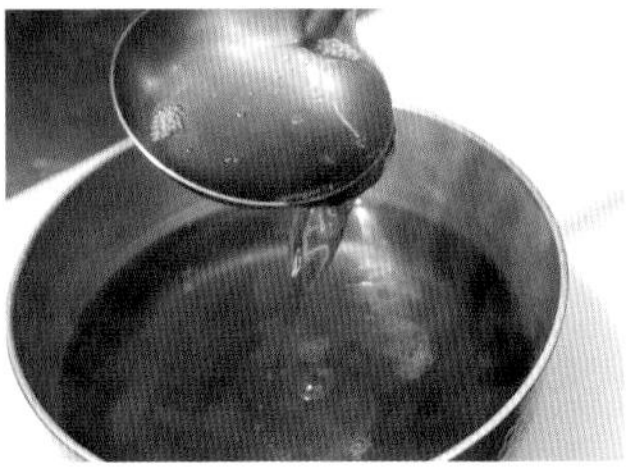

6　とろみのある、うま味たっぷりのだし。

だしの科学

生のキノコは、グアニル酸ではなく、グルタミン酸がうま味成分となる。キノコでは香りが重要なため、好みの香りになるように選ぶとよい。

毛蟹と枝豆豆腐、きのこ出汁

滋味深いキノコのだしに、枝豆の香りと胡麻豆腐のコクをプラスし、毛ガニのうま味でまとめました。

材料

枝豆豆腐

- 枝豆、塩、水、酒、葛粉、ゴマペースト、薄口醤油…各適量

毛ガニ…適量

岩茸…適量

吸い地（一番だし〈p.85参照〉を温めて、酒、塩、薄口醤油で味を調える）…適量

キノコのだし（p.102参照）…適量

塩、薄口醤油…各適量

1 枝豆豆腐を作る。枝豆を塩ゆでし、鞘からとり出して裏漉し、ペーストにする。

2 ボウルに水、酒、葛粉、ゴマペーストを入れ、泡立て器でよくかき混ぜる。

3 目の細かいすいのうで、**2**を鍋に漉し入れる。

4 **3**の鍋を強火にかけながら混ぜ、少し粘りが出てきたら、弱火にして20分ほど木べラで練る。

5 練り上がり間際に**1**を加えて混ぜ（枝豆ペーストは、長時間火にかけると色がとんでしまうので注意する）、塩と薄口醤油で味を調える。

6 **5**を流し缶に流し、一晩冷蔵庫で冷やし固める。

7 毛ガニは100℃で40分蒸し、ミソをとり出し、身も殻からとり出す。

8 岩茸は水で戻し、石づきをとり除いて掃除した後湯がき、吸い地で炊く。

9 **6**を切り出して温め、温めた**7**のカニの身、**8**の岩茸とともに椀に盛り、天にカニミソを添える。キノコのだしを温め、塩と薄口醤油で味を調えてはる。

［日本料理　翠］

大屋友和

あくまでも一番だしがベースですが、毎月のコースに1種類ほど変わっただしも入れるようにしています。発酵をとり入れたり、さまざまな和ハーブを使って香りのニュアンスを加えるなど、新しい試みもしています。

日本料理は西洋の料理にくらべて圧倒的に香りのバリエーションが少ないのですが、なんとか日本料理らしい香草を使いたいと思い、探して出会ったのが、滋賀県の伊吹山に伝わる和ハーブです。もともと日本の在来種なので、日本料理にとり入れても違和感なくなじみます。

大屋友和

１９７９年島根県生まれ。美術高校のデザイン科で日本画を専攻する。２０００年に大阪の割烹『㐂川』で修業を開始。11年間務めた後、２０１１年に独立。大阪・東心斎橋に『翠』をオープンする。

他ジャンルのシェフなどを含め、人とのつながりで得た知識や情報もとり入れながら、勢いのある料理でお客様を楽しませる。一番だしは、真昆布と本枯節を使い、加熱方法や時間などは必要に応じて改良を重ねている。

◎昆布だし

真昆布は、うま味がしっかりとしただしがひけるのですが、これをあまり出しすぎないようにしています。繊細なだしをひくのが難しいこの真昆布で、すっきりとしたきれいなだしをひくにはどうすればよいか。試行錯誤を重ねて現在の温度や時間、ひき方になりました。

材料
昆布（真昆布）…50g
水（湧き水＊）…2ℓ

＊水は、箕面の山の湧き水をそのまま使用している。

1　鍋に昆布と水を入れて火にかける。40℃で1時間加熱した後、80℃で30分加熱する。

2　昆布を引き上げ、一度沸騰させてアクをとる。

＊長時間水に浸ける水だしは、昆布の粘りや臭みが出る。それを出さないために、この方法をとっている。また、加熱時間があまり長くなっても、よけいな色や粘りが出る。

◎一番だし

真昆布のきれいな味を引き出した昆布だしを使用し、本枯節の上品な味と風味だけを加えます。真昆布が甘味も感じさせるため、マグロ節は必要なく、また、荒節の香りなどの個性も、ここでは加えたくないのです。

　でき上がっただしはすぐに使わずに、急冷した後ねかせて、味を落ち着かせてから使用しています。

材料
昆布（真昆布）…40g
水（湧き水）…2ℓ
カツオ節（枕崎産本枯節）…20g

1　p.105のようにして、上記の昆布と水で昆布だしをとり、アクをとった後、火を止める。温度が90℃に下がったら、カツオ節を入れ、

2　10～15秒経ったら(雑味が出るのでそれ以上はおかない)、クッキングペーパーを挟んだザルで漉す。でき上がっただしは、容器に入れて蓋をして、氷水に浸けて急冷する。そのまま1～2時間ねかせて味を落ち着かせてから使用する。

◎イカすり流しだし

素材を丸ごと液状にするすり流し。うま味があれば、それ自体がだしでもあります。

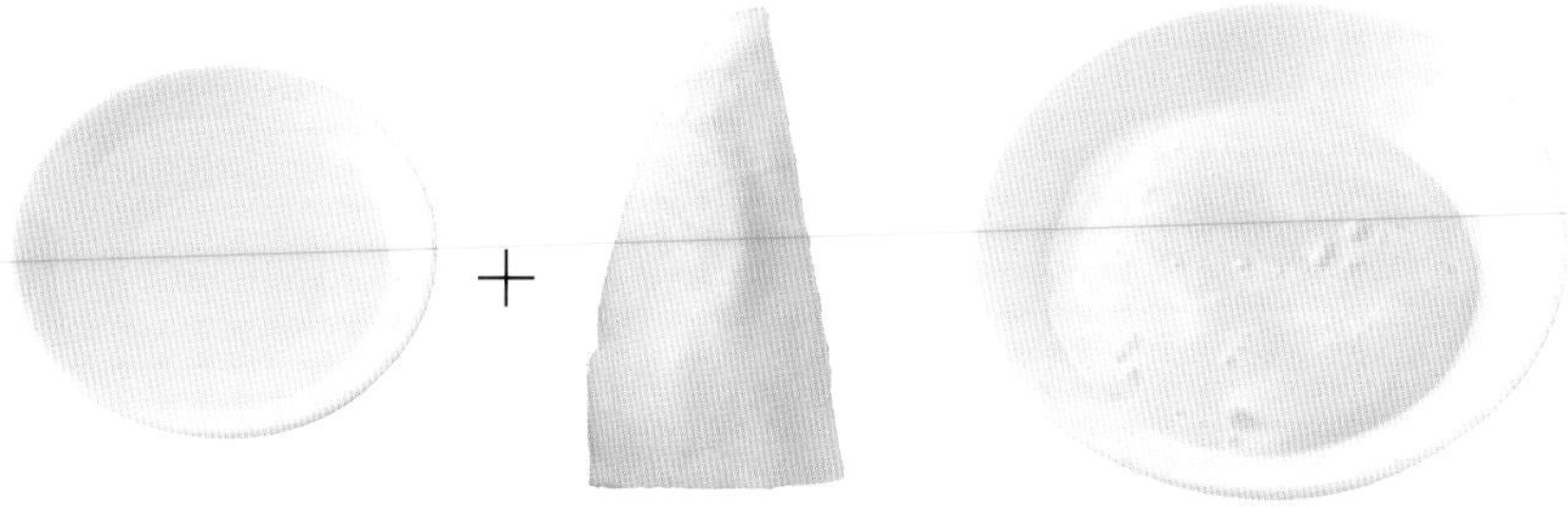

材料
モンゴウイカ（凍ったもの）…500g
昆布だし（p.105参照）…300mℓ
長イモ（すりおろし）…20g
塩、薄口醤油…各適量

＊生のイカを使用するとなめらかにならないため、必ず凍らせたイカを使用する。

1　イカを凍ったまま薄切りにする。

2　1をミキサーに入れ、昆布だしを半量加える。

3　攪拌し、更に残りの昆布だしを加えてなめらかになるまで攪拌する。

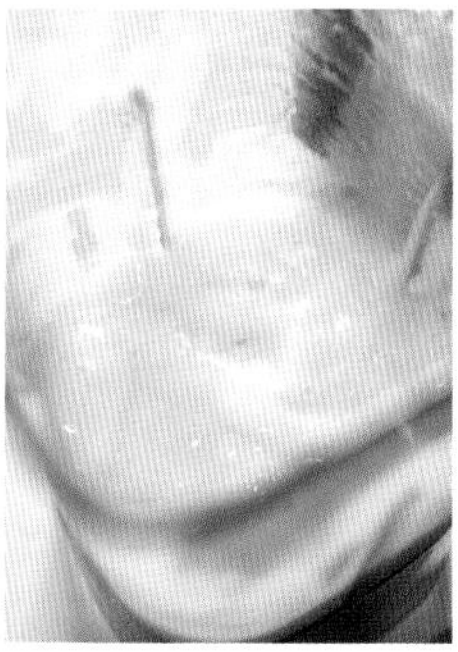

4　なめらかになったら、おろし長イモと塩、薄口醤油を加える。

＊料理によって、固さを調整して使用する。

だしの科学
イカ自体にはイノシン酸はほとんどなく、さまざまなアミノ酸によるうま味と甘味によって味が構成されている。昆布によるうま味を補強することで、充分なうま味のあるすり流しになっている。

烏賊摺り流し仕立て

ウニや煮凝りを加え、味や食感にメリハリをつけます。

材料

イカすり流しだし（p.107参照）…90mℓ

生ウニ…適量

花穂紫蘇、青海苔、わさび（すりおろし）…各適量

煮凝り

- 一番だし（p.106参照）…200mℓ
- 板ゼラチン…3g
- 薄口醤油…適量
- ※一番だしを熱して薄口醤油で味つけ、戻したゼラチンを加え、粗熱をとって冷蔵庫で冷やし固める。

1 イカすり流しだしを椀に流す。

2 **1**にウニを盛り、煮凝りをかける。

3 青海苔、おろしわさび、花穂紫蘇を添える。

◎フグ骨焼きヒレだし

フグのアラにヒレを加え、うま味と香ばしい香りを足しています。

材料
フグのアラ…1尾分
昆布(真昆布)…20g
フグのヒレ(干したものを焼いたもの)…5枚
酒…適量
水(湧き水)…1.5ℓ

だしの科学
フグにはイノシン酸が多く含まれ、昆布のグルタミン酸と合わせることで、うま味の相乗効果によって強いうま味を感じさせることができる。

1 フグのアラは湯をかけて霜降りし、軽く水洗いする。

2 鍋に水と昆布、**1**のアラとフグのヒレ、酒を入れて火にかける。

3 沸騰したら弱火にし、30分〜1時間ほど熱する。途中でアクをひく。

4 味が出たら、クッキングペーパーを挟んだザルで漉す。

河豚焼き鰭だし碗

フグのだしにフグの身、白子、皮やヒレも加えたフグづくしの一品です。

材料(1人分)
フグの身…適量
フグの白子…適量
フグの皮、焼きヒレ(上記のようにして、だしをとった後のもの)…各適量
春菊(湯がいた後、地に浸けたもの)…適量
フグ骨焼きヒレだし(上記参照)…200mℓ
塩、薄口醤油…各適量
青糸ネギ(青ネギを細く刻んだもの)…適量

1 フグの白子に塩を振り、10〜15分おいて焼く。
2 フグの身に塩をふり、10〜15分おく。
3 フグ骨焼きヒレだしを鍋で温め、**2**のフグの身と皮を入れ、火を入れる。
4 碗に**1**の白子、**3**のフグの身と皮、だしをとった後の焼きヒレ、春菊を盛る。
5 **4**に**3**のだしをはり、青糸ネギを添える。

◎甘鯛乳化だし

甘鯛のアラに香味野菜や昆布を加え、長時間煮出してとる白濁しただしです。

材料
甘鯛のアラ…１尾分
長ネギ…50g
生姜…10g
昆布（真昆布）…20g
酒…適量
水（湧き水）…2ℓ

1　甘鯛のアラは湯をかけて霜降りする。

2　1のアラと長ネギ、生姜、昆布、酒を寸胴鍋に入れ、水をひたひたに注ぐ。

3　蓋をして火にかける。沸騰したら火を弱め、4～5時間煮て白濁しただしをとる。

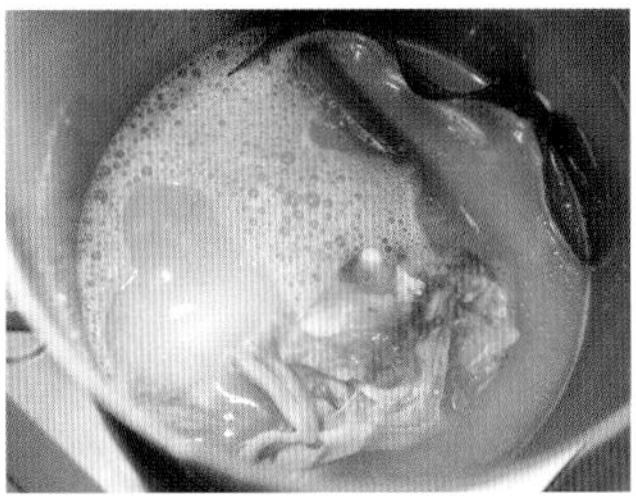

4　最初は澄んでいただしが、白くなっている。

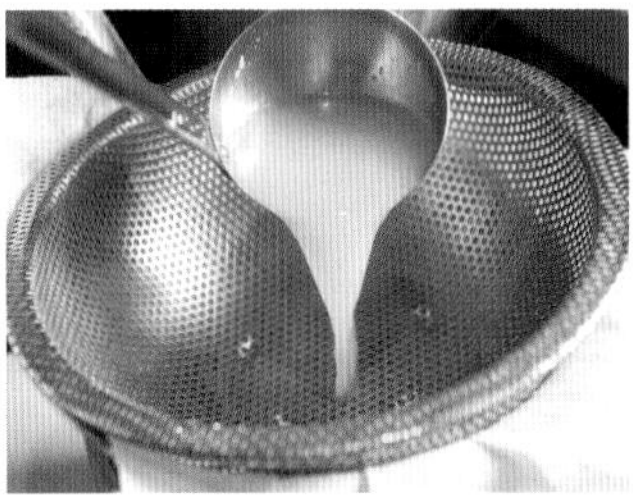

5　クッキングペーパーを挟んだザルで漉す。

だしの科学

乳化とは油脂が水の中に分散している状態であり、たんぱく質などが乳化剤となって乳化が安定する。ここでは、甘鯛のアラから出てくる油脂が、たんぱく質や昆布のアルギン酸などによって乳化していると考えられる。日本料理では乳化しただしはあまり使われないが、独特のミルキーさが得られ、新たな表現となりうる。

甘鯛松笠焼き 乳化だし仕立て

パリパリに仕上げた甘鯛の松笠焼きに、濃厚な乳化だしがよく合います。

材料

甘鯛の身…適量

キクラゲ（生）…適量

芽ネギ…適量

甘鯛乳化だし（p.112参照）…150mℓ

塩、薄口醤油…各適量

サラダ油…適量

1 ウロコをつけたままの甘鯛に熱したサラダ油をかけ、天火でウロコがサクサクになるまで焼く。

2 生キクラゲを湯がく。

3 器に**1**の甘鯛と**2**のキクラゲを盛る。

4 甘鯛乳化だしを熱して塩、薄口醤油で味を調え、**3**にはり、芽ネギをのせる。

◎鮎煮干しだし

アユで自家製の煮干しを作り、だしをひきました。

材料

鮎煮干し（自家製＊）…100g

昆布（真昆布）…20g

水（湧き水）…800mℓ

酒…適量

タデの枝…5g

＊鮎煮干し：生きた稚アユを、海水程度の塩入り氷水に2時間ほど浸けて締めた後（塩水で締めないと身が崩れる）、塩水でゆでる。水気をきって、食品乾燥機で乾燥させる（乾燥ネットに入れて干してもよい）。

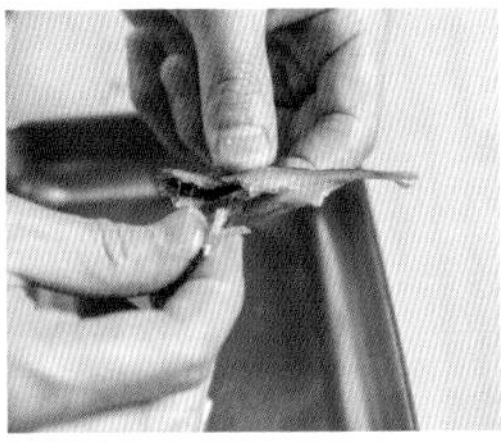

1 鮎煮干しは、頭とはらわたをとり除く。

2 **1**と昆布、タデの枝を鍋に入れて分量の水と酒を加え、1時間ほどおいた後火にかける。

3 途中でアクをとりながら、30分ほど煮出す。

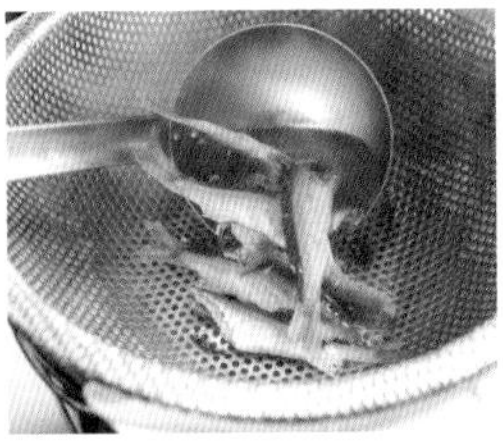

4 クッキングペーパーを挟んだザルで漉す。

鮎の塩焼きと葛素麺

香ばしく焼き上げたアユと、喉ごしのいい葛素麺の組み合わせ。だしのおいしさが楽しめます。

材料

アユ…適量

葛素麺…適量

キュウリ（糸キュウリ）…適量

タデの葉（素揚げしたもの）…適量

鮎煮干しだし（上記参照）…250mℓ

塩、薄口醤油…各適量

1 アユに串を打ち、炭火で焼く。

2 葛素麺を湯がき、氷水で洗う。

3 器に、水気を切った**2**の葛素麺と**1**のアユ、糸キュウリを盛る。

4 塩と薄口醤油を加えて冷やした鮎煮干しだしを**3**にはり、天に素揚げしたタデの葉を散らす。

◎藻屑蟹・とまと・白味噌だし

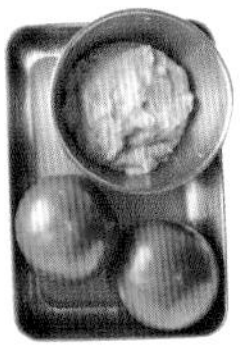

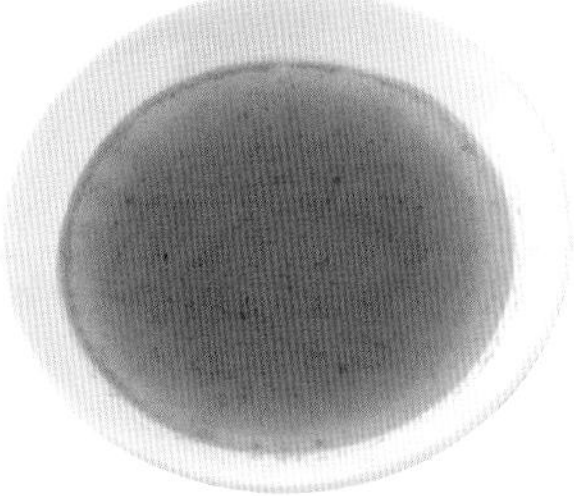

カニも味噌もうま味の強い素材ですが、ここに別のやさしいうま味をもう1つ足したいと思い、トマトを加えました。昆布では少しうま味が強すぎるので、同じグルタミン酸のうま味をもつトマトを合わせたのです。トマトは、淡水ガニ特有の臭みもおさえてくれます。

材料
藻屑ガニ…5ハイ
トマト…200g
水（湧き水）…1500mℓ
白味噌…150g
藪肉桂（＊）…3枚
太白ゴマ油…20mℓ

＊藪肉桂《やぶにっけい》：
クスノキ科の常緑高木。葉は長楕円形で、肉桂に似た香りがある。

1　藻屑ガニは殻ごとざく切りにする。鍋に太白ゴマ油をひいてカニを入れ、炒める。

2　**1**にざく切りにしたトマトを加えて、更に炒める。

3　カニミソの味を出すように、ヘラでつぶしながら更によく炒める。水分が残っていると臭みが残るので、水分をしっかりとばしながら炒める。

4　**3**に分量の水を加えて加熱する。

5　アクが出てきたらとり除く（脂はとらないようにする）。

6　藪肉桂を入れ、白味噌を入れて20分ほど煮る。

7　シノワで漉す。

だしの科学
カニにはうま味アミノ酸であるグルタミン酸より、甘味アミノ酸が多く、甘味のあるだしになる。トマトと白味噌のグルタミン酸により、うま味を補強しただしとなっている。

秋野菜、藻屑蟹だし仕立て 藪肉桂の香り

藻屑ガニやトマトのうま味で、野菜を食べていただく一品です。

材料
里イモ…適量
ナス…適量
シイタケ…適量
ギンナン…適量
二番だし（＊）、塩、薄口醤油…各適量
藻屑蟹・とまと・白味噌だし（p.116参照）
…100mℓ
揚げ油…適量

＊二番だし：一番だし（p.106参照）をとった後の昆布とカツオ節を鍋に入れ、水を注いで火にかける。沸騰したら火を弱め、ポコポコとする火加減で1時間ほど煮出して、漉す。

1 里イモは皮をむき、米のとぎ汁で、やわらかくなるまでゆでる。

2 **1**の里イモを、二番だしに塩と薄口醤油で味つけた地で煮含める。

3 ナスは焼いて皮をむき、二番だしに塩、薄口醤油を加えた地に浸ける。

4 シイタケは焼き、ギンナンは素揚げする。

5 器に、食べやすい大きさに切った**2**の里イモ、**3**のナス、**4**のシイタケ、ギンナンを盛り、温めた藻屑蟹・とまと・白味噌だしをはる。

◎烏梅と大和肉鶏だし

鶏のだしに烏梅《うばい》や大和当帰《やまとうき》の葉を加えてとる、おもしろいだしです。

材料

鶏骨だし
- 鶏（大和肉鶏）ガラ…1羽分
- 玉ネギ（半月切り）…50g
- 昆布（真昆布）…20g
- 大和当帰の葉（＊）…適量
- 水（湧き水）…1ℓ

烏梅だし
- 烏梅（＊＊）…100g
- 昆布…10g
- 水（湧き水）…300mℓ

＊大和当帰《やまとうき》：セリ科の多年草。乾燥させた根は漢方薬として、葉はセロリのような香りがあり、和ハーブとして活用されている。
＊＊烏梅《うばい》：梅の未熟な実を燻し、乾燥させたもの。古くから生薬として用いられてきた。

1 鶏骨だし：鶏ガラは水で洗い、ぶつ切りにして、サラマンダーで焼く。

2 1と玉ネギ、昆布20g、大和当帰を鍋に入れ、水をひたひたに（1ℓ）加えて火にかける。

3 沸いたら弱火にし、1時間半～2時間加熱する。途中でアクをとる。

4 クッキングペーパーを挟んだザルで漉す。

5 烏梅だし：烏梅と昆布10gを合わせてバットに入れ、水300mℓに浸けておく。

6 蒸気の立った蒸し器に入れて2時間蒸し、クッキングペーパーを挟んだザルで漉し、烏梅のだしとする。

7 4の鶏骨だしを鍋に入れて火にかけ、6の烏梅だしを適量加える。

大和肉鶏　烏梅のだし仕立て
大和当帰の香り

個性的なだしに、うま味の強い地鶏を合わせてバランスよく。

材料

鶏（大和肉鶏＊）もも肉…適量

丸ナス…適量

大和当帰（p.118参照。葉と花）…適量

烏梅と大和肉鶏だし

- 鶏骨だし（p.118参照）…150mℓ
- 烏梅だし（p.118参照）…50mℓ
- ※p.118のようにして合わせる。

揚げ油、二番だし（p.117参照）、塩、薄口醤油…各適量

＊大和《やまと》肉鶏《にくどり》：奈良県産の地鶏。

1 鶏肉に塩を振り、10～15分おいて、焼く。

2 丸ナスは皮をむき、素揚げして、油抜きする。二番だしに塩、薄口醤油で味つけた地で炊く。

3 椀に、一口大に切った**1**の鶏肉と**2**のナスを盛り、温めた烏梅と大和肉鶏だしをはる。

4 天に大和当帰の葉と花を添える。

◎鴨燻製だし

燻製の風味を加えただし。鴨を燻す際には藁を使用し、香りを加えています。スモークチップよりも自然でやさしい燻香が好み。

材料

鴨のガラ…1羽分
昆布（真昆布）…20g
水（湧き水）…1.5ℓ
酒…適量
橘の葉（＊）…3枚
橘の果皮（＊）…15g
蕪の皮…適量
・藁

＊ 橘《たちばな》：日本固有の柑橘類の一種。

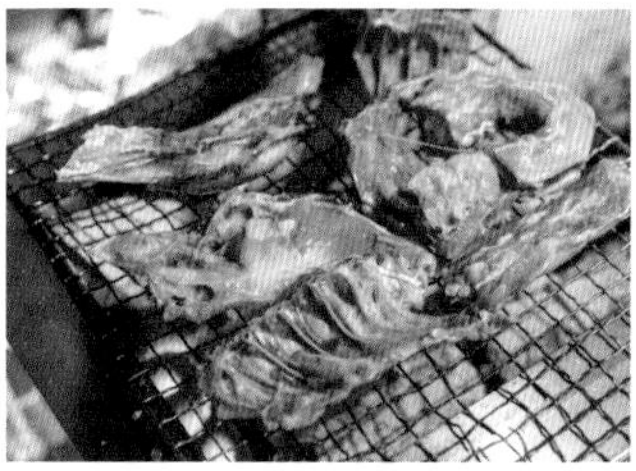

1 炭焼き台にのせた網の上で、鴨のガラを焼く。

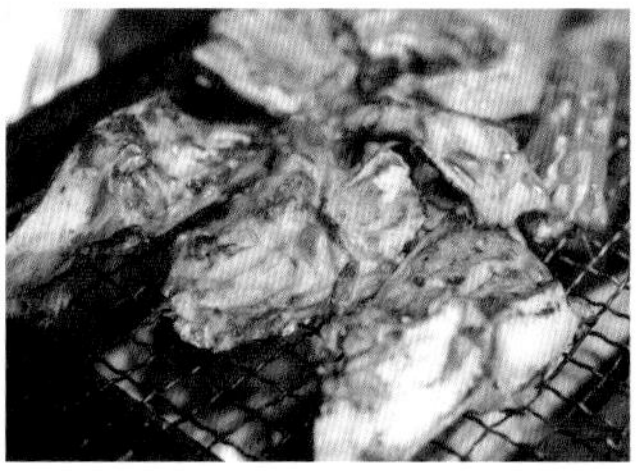

2 途中で裏返しながら、焼き目がつくまで焼く。

3 焼き台に藁を入れる。

4 鴨ガラの上に蓋をかぶせて燻す。

5 4の燻した鴨ガラ、昆布、蕪の皮、橘の葉と果皮、水、酒を入れて火にかけ、30分ほど煮出す。

6 クッキングペーパーを挟んだザルで漉す。

だしの科学

日本料理のだしでは、燻されたカツオ節を使うように、燻製の香りが特徴的である。他のジャンルのだしでは、燻製の香りは主要になることはないため、日本料理のだしの特徴であると考えられる。鴨はフランス料理や中国料理でもだしに使われるが、燻製をかけることによって、日本料理の風味に近づけられている。

鴨と蕪と橘　燻製だし仕立て

鴨と柑橘は相性のいい組み合わせ。ここでは日本古来の橘の果皮を使い、香りを添えています。

材料
鴨胸肉…適量
蕪…適量
蕪の軸…適量
橘の果皮（細切り＊）…適量
鴨燻製だし（p.120参照）…150mℓ
二番だし（p.117参照）、塩、
薄口醤油、濃口醤油…各適量
葛粉…適量

＊橘《たちばな》：日本固有の柑橘類の一種。

1 蕪の皮をむき、二番だしに塩、薄口醤油を加えた地で、やわらかくなるまで炊いて、煮含ませる。蕪の軸は湯がいた後、二番だしに塩、薄口醤油で味つけた地に浸ける。

2 鴨肉を焼く。

3 器に、薄切りにした鴨肉、**1**の蕪と蕪の軸を盛る。

4 温めた鴨燻製だしに、水溶き葛粉でとろみをつけ、**3**にはる。橘の果皮を、天盛りにする。

◎スッポン和ハーブだし

スッポンは身が食べておいしいやわらかさになっているころに、いいだしも出ています。

　ここでは5種類の和の香草を使い、香りのニュアンスを加えました。

材料
スッポン（さばいて掃除する）…1匹
昆布（真昆布）…20g
和香草（乾燥。クロモジ、ドクダミ、
　ヨモギ、ゲットウ、アマ茶）…適量
水（中硬水）…2ℓ
酒…200mℓ
濃口醤油…適量
塩…適量

1　鍋にさばいたスッポンの身と甲羅、昆布を入れ、分量の水と酒を加えて火にかける。

2　出てきたアクはとり除きながらしばらく炊く。

3　1時間ほど炊いて身がやわらかくなったら、和香草を入れて少し煮る。醤油と塩で味を調える。

4　**3**からスッポンの身をとり出し（身は料理に使用する）、

5　汁はクッキングペーパーを挟んだザルで漉す。

＊他のだしは、箕面の山の湧き水（軟水）を使用しているが、スッポンだけは鹿児島県霧島の中硬水を使用している。この水を使うと、スッポンの臭みがおさえられる。

すっぽんと松茸
和ハーブだし仕立て

松茸や菊花を合わせ、和ハーブの香りを活かした秋らしい一品。

材料

スッポンの身（p.122のようにして、だしをとった後のもの）…適量
松茸…適量
菊菜…適量
菊花（黄・紫）…各適量
スッポン和ハーブだし（p.122参照）…200mℓ
薄口醤油…適量

1 土鍋にスッポン和ハーブだしをはり、薄口醤油を加えて火にかける。

2 **1**に湯がいた黄色の菊花、スッポンの身、食べやすい大きさに切った松茸を入れて炊く。

3 煮えたら菊菜を入れ、紫の菊花を天盛りにして、提供する。

◎ハモと発酵玉ネギのコンソメだし

ハモの骨はとてもおいしいだしがとれます。このだしを主役にするために、更に贅沢にコンソメの技法を使って卵白で澄ませ、発酵玉ネギと伊吹麝香草《いぶきじゃこうそう》の風味で、味わいに奥行きをもたせました。

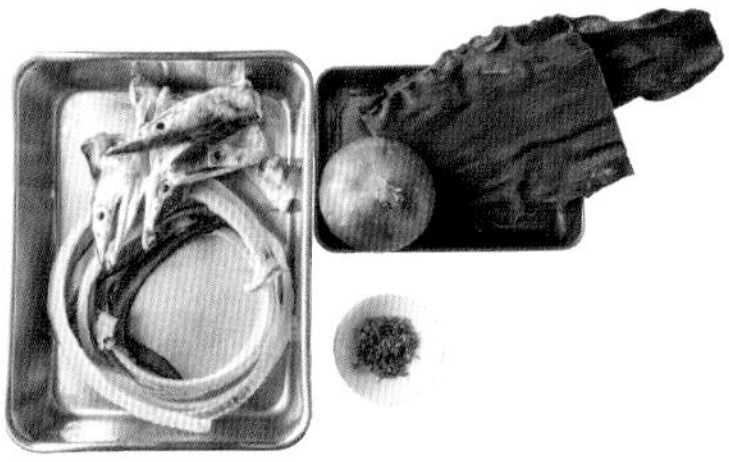

材料
ハモのアラ…１尾分
発酵玉ネギ（＊）…100g
昆布（真昆布）…20g
水（湧き水）…1ℓ
酒…適量
伊吹麝香草（＊＊）…適量
卵白…適量

＊＊伊吹麝香草《いぶきじゃこうそう》：
シソ科の小低木。全体に芳香があり、日本、朝鮮、中国、インドに広く分布する。伊吹山に多く自生し、麝香のような香りがあるのでこの名がある。

＊発酵玉ネギ：

玉ネギを細切りにし、米のとぎ汁に浸けて、常温において発酵させる（夏場で3日、冬場で4～5日。香りで判断する）。発酵したら、冷蔵庫に移す（常温でそれ以上おかない）。

1 ハモのアラは、霜降りし、昆布、発酵玉ネギとともに鍋に入れ、分量の水と酒を入れて火にかける。

2 アクをとりながら、30分ほど煮出す。

3 クッキングペーパーを挟んだザルで漉す。

4 **3**を鍋に入れて火にかけ、伊吹麝香草を入れ、火からおろして冷やしておく。

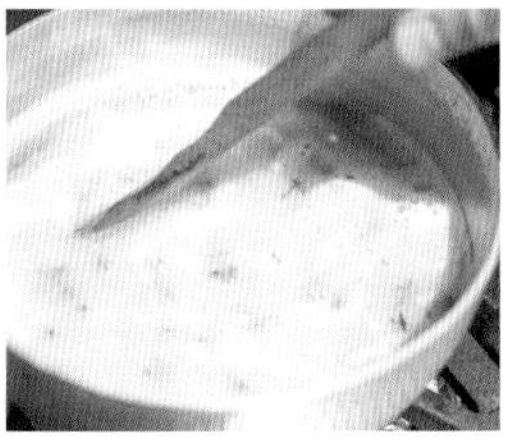

5 **4**が冷えたら、卵白を入れて混ぜる。再び火にかける。

6 卵白が固まって浮いてきたら、

7 クッキングペーパーを挟んだザルで漉す。

鱧コンソメ
伊吹麝香草の香り仕立て

個性的なだしが、ハモの椀をより印象的に。

材料
ハモ…適量
冬瓜…適量
オカヒジキ…適量
ハモの浮袋…適量
花穂紫蘇…適量
ハモと発酵玉ネギのコンソメだし
（p.124参照）…200㎖
二番だし（p.117参照）…適量
塩、薄口醤油…各適量
葛粉…適量

1 冬瓜は皮をむき、塩と重曹を1：1で合わせて皮にすり込み、30分おいてゆでる。二番だしに塩で味つけた地で炊いた後、切り目を入れておく。オカヒジキはゆでた後、二番だしに薄口醤油と塩で味をつけた地に浸ける。ハモの浮袋は、湯がいておく。

2 ハモをさばいて骨切りし、食べやすい大きさに切り落とす。塩を振り、10〜15分ほどおく。

3 **2**の両面に、葛粉をまぶす。

4 湯を沸かし、**3**を皮面を下にして入れる。身が花びらのように開いたら、引き上げる。

5 椀に**1**の冬瓜、**4**のハモ、**1**のオカヒジキとハモの浮袋を盛り、天に花穂紫蘇を添える。

6 温めた、ハモと発酵玉ネギのコンソメだしをはる。

◎発酵白ネギと干し貝柱だし

米のとぎ汁を加えて発酵させた白ネギで、風味を加えただしです。

材料
昆布だし
　昆布（真昆布）…20g
　水（湧き水）…760mℓ
発酵白ネギ（＊）…150g
干し貝柱…100g
酒…適量

1　p.105のようにして、上記の昆布と水で昆布だしをとる。干し貝柱は水に浸けて、戻しておく。冷めた昆布だしと、発酵白ネギ、干し貝柱と戻し汁を鍋に合わせて火にかけ、酒を加える。

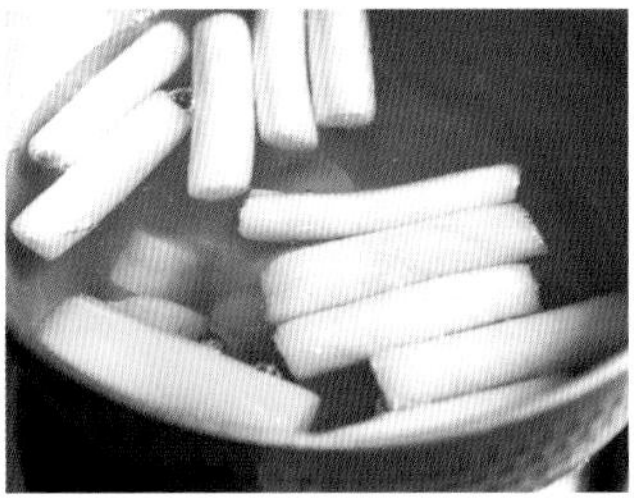

2　ネギから味が出てやわらかくなるまで、強火で煮出す（煮出した後のネギも料理に使用する）。

3　クッキングペーパーを挟んだザルで漉す。

＊発酵白ネギ：

長ネギ（白い部分）を5cm長さほどに切り、米のとぎ汁に浸けて、常温において発酵させる（夏場で4～5日。冬場で1週間。香りで判断する）。発酵したら、冷蔵庫に移す（常温でそれ以上おかない）。

だしの科学
白ネギはグルタミン酸が多いわけではないが、香り成分として硫黄化合物が含まれ、更に発酵によって独特の風味を作り出している。つまりここでは、うま味を昆布や干し貝柱で担保し、発酵白ネギの香りを付与することで、独特のだしをデザインしている。

茂魚 骨蒸し
発酵白葱だし仕立て

ほんのりと発酵の風味が加わっただしが特徴的。だしをとった後のネギも、おいしく食べられます。

材料
アコウ（キジハタ）頭…1尾分
発酵白ネギ（p.126のようにして、
　だしをとった後のもの）…適量
葛切り…適量
糸ネギ（青・白＊）…適量
発酵白ネギと干し貝柱だし
　（p.126参照）…200mℓ
塩、酒、薄口醤油…各適量
昆布（真昆布）…適量

＊糸ネギ：長ネギを細く刻んだもの。

1 アコウの頭に塩を振り、2〜3時間ほどおく。

2 **1**に沸いた湯をかけ、氷水に落とし、ウロコとぬめりをとる。

3 バットに昆布を敷き、**2**のアコウの頭をのせ、酒を振って蒸す。

4 鍋に発酵白ネギと干し貝柱だしを入れて温め、**3**の蒸し汁を加える。

5 器に**3**のアコウの頭、発酵白ネギ、葛切り、糸ネギを盛り、**4**のだしをはる。

◎発酵原木シイタケだし

126頁の発酵白ネギだしと同様に、発酵させた原木シイタケを使用します。

材料
昆布だし
- 昆布…20g
- 水…760mℓ

発酵シイタケ（＊）…200g
酒…適量

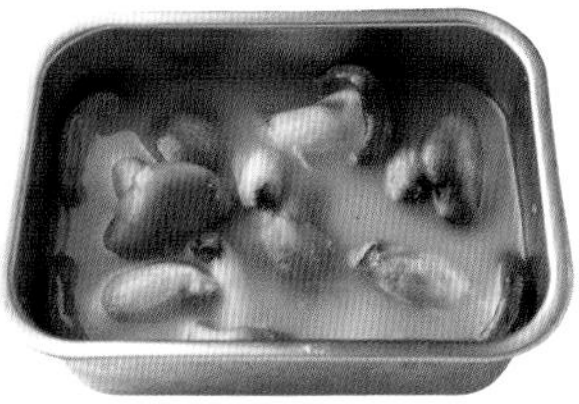

＊発酵シイタケ：

原木シイタケを米のとぎ汁に浸け、常温において発酵させる（夏場で4～5日。冬場で1週間。香りで判断する）。発酵したら、冷蔵庫に移す（常温でそれ以上おかない）。

1　p.105のようにして、上記の昆布と水で昆布だしをとる。冷めた昆布だしと、発酵シイタケを鍋に入れて火にかけ、酒を加える。

2　シイタケから味が出てやわらかくなるまで、強火で煮出す（煮出した後のシイタケも、料理に使用する）。アクはとり除く。

3　クッキングペーパーを挟んだザルで漉す。

月の輪熊
発酵原木椎茸だし仕立て

肉料理との相性もいいだしです。牛肉を合わせてもいいでしょう。

材料
月の輪熊ロース肉（薄切り）…適量
ゴボウ（ささがき）…適量
発酵シイタケ（上記のようにして、だしをとった後のもの）…適量
青ネギ（斜め切り）…適量
セリ…適量
粉山椒…適量
発酵原木シイタケだし（上記参照）…200mℓ
薄口醤油、濃口醤油…各適量

1 発酵原木シイタケだしに薄口醤油と濃口醤油を加えて温め、熊肉、ささがきゴボウ、発酵シイタケ、青ネギを入れて炊く。
2 **1**を器に盛り、煮汁をはる。
3 天に刻みセリをのせ、粉山椒をふる。

◎白味噌蕃紅花《さふらん》だし

今回は伊勢エビの料理に使用したので、さばく際に出た殻を加えていますが、おいしい味噌は、水で溶いただけでもだしになります。昆布だしを合わせると、そのうま味がかえって邪魔になるので、水のほうが好みです。

材料
伊勢エビ…１本（300g）
白味噌…80g
サフラン（水500mℓに浸けておく）…適量

＊生きた伊勢エビの頭をはずし、殻ごと縦半分に切る。胴は殻をむき、身をとり出しておく（身は料理に使用する）。

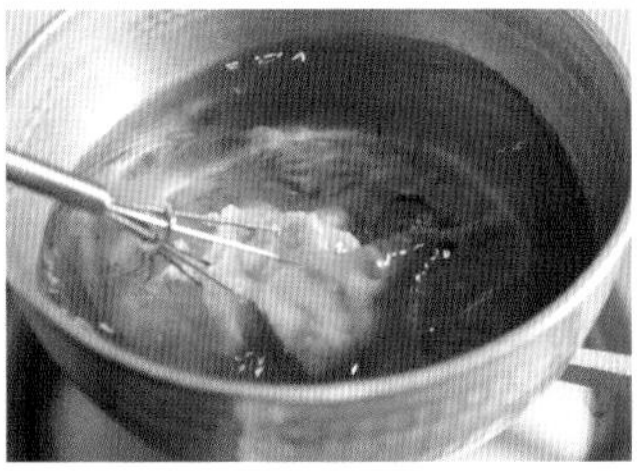

1　サフラン入りの水を鍋に入れて火にかけ、白味噌を溶き入れる。

2　1に伊勢エビの頭と殻を入れて、軽く熱する。

3　クッキングペーパーを挟んだザルで漉す（伊勢エビの殻と頭はとりおく）。

伊勢海老と筍
白味噌蕃紅花《さふらん》仕立て

伊勢エビはもちろん、白味噌のおいしさも主役級の一品。

材料
伊勢エビ（身）…適量
タケノコ…適量
糠、タカノツメ、吸い地（一番だし〈p.106参照〉に、塩と薄口醤油少量で味つける）…各適量
木の芽…適量
白味噌蕃紅花《さふらん》だし（上記参照）…200mℓ

＊だしをとった後の伊勢エビの頭と殻も使用する。

1　鍋にタケノコ、糠、適量の水、タカノツメを入れて火にかけ、湯がく。

2　**1**のタケノコが冷めたら皮をむき、食べやすく切って、吸い地で炊く。

3　白味噌蕃紅花だしを温め、一口大に切った伊勢エビの身を入れて炊く。

4　器に**3**の伊勢エビの身と、**2**のタケノコを盛り、とりおいた伊勢エビの殻と頭を添え、**3**の煮汁をはる。

5　木の芽を天盛りにする。

◎寺納豆上澄みだし

植物性の素材だけでとる、精進だしの一種です。一休寺納豆の濃いうま味と塩分を活かし、柿の皮や煎り大豆で甘味を加えています。

材料
一休寺納豆（＊）…50g
昆布（真昆布）…15g＋10g
柿の皮（乾燥させたもの）…50g
大豆（煎ったもの）…80g
水（湧き水）…100mℓ＋500mℓ

＊一休寺納豆：
一休宗純が製法を広めたといわれる大豆加工品。蒸した大豆にはったい粉と麹をまぶして発酵させ、10ヵ月ほど天日干ししながら乾燥させて作る。

1　鍋に、昆布15gと一休寺納豆、水100mℓを合わせて一晩おく。

2　**1**を火にかけ、30分ほど炊く。アクはとり除く。

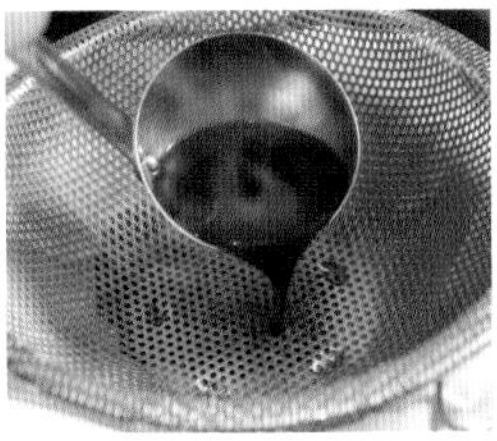

3　クッキングペーパーを挟んだザルで漉し、寺納豆だしとする。

4　別鍋に、昆布10g、柿の皮、煎り大豆、水500mℓを合わせて火にかける。

5　30分ほど炊いて、クッキングペーパーを挟んだザルで漉し、大豆だしとする。

6　でき上がった2種類のだし。

7　**5**の大豆だしを鍋に入れ、加熱して、**3**の寺納豆だしを加えながら合わせる。

8　味をみながら、ちょうどよい味加減にする。

だしの科学
麹によって発酵された大豆は、たんぱく質が分解することによってグルタミン酸が作られる。一休寺納豆と昆布のうま味に加えて、煎った大豆はメイラード反応による香ばしい香りをだしに付与する。

無花果
寺納豆上澄みだし仕立て

イチジクのやさしい甘味が、寺納豆だしによく合います。

材料
イチジク…適量
青ユズ皮（細切り）…適量
寺納豆上澄みだし（p.132参照）…100mℓ

1 イチジクの皮をむき、半分に切って焼く。

2 器に**1**のイチジクを盛り、温めた寺納豆上澄みだしをはる。

3 天に青ユズを添える。

［うぶか］

加藤邦彦

加藤邦彦

　1977年宮城県生まれ。無類の甲殻類好きから、『かに道楽』に入社。その後京都の料亭で和食の基礎を学び、ニュージーランドの日本料理店、新宿の中国料理店『レンゲ』を経て、2012年東京・四谷（荒木町）に、甲殻類専門の料理店『うぶか』を開店する。日本料理をベースにしながらも、他ジャンルの手法も柔軟にとり入れ、甲殻類の魅力を引き出す。

　一番だし、二番だしは、カニやエビなどと合わせたときの相性のよさから、羅臼昆布とマグロ節を使用し、うま味をしっかりと抽出している。

　当店は、甲殻類専門店ということもあり、大量のエビやカニの殻が出るのですが、ストックするスペースにも限界があります。一部は乾燥させて粉末状にし、できるだけカサを減らして保存するようにもしていますが、まだまだすべてを使いきれているわけではありません。

　甲殻類や貝類は、食べることのできない部分が多い食材ですが、甲殻類の殻は、まだ使い道がある。そしてそのもっとも有益な使い方がだしなのです。当店ではエビ・カニはすべて生きているものを仕入れ、すぐに熱処理をしますので、甲殻類独特の匂いはほとんど出ないのです。新鮮な殻を使うと、とてもきれいなだしがとれる。ただ、逆にいえば、甲殻類らしさがないともいえるのです。そのため、殻を焼いたり炒めたりして火を入れたり、乾燥させたりすることによって、エビらしさ、カニらしさを出すようにしています。

　ただ、エビやカニの殻は、それだけで強いうま味が出るわけではありません。昆布や野菜から出たうま味に、エビやカニの殻で香りの要素を加えるというイメージで、バランスをとるようにしています。エビ・カニの香りを最大限に引き出すことが重要なポイントです。

　小さな厨房、人手の少ない店ならではの工夫から生まれただしもあります。たとえば、エビやカニの殻を昆布とともに水に入れ、冷凍してとる凍結だしもその1つ。時間が仕込みをしてくれるので、作業的にも楽なうえに、クリアでとてもおいしいだしがとれます。

　カツオ節と昆布だけに頼るだしは、これから難しくなってくるのではないでしょうか。特に昆布は年によって天然ものの入手が難しいこともあります。野菜やキノコのだしと節類を組み合わせたり、魚のアラや貝類などを積極的に活用することも必要になってくるでしょう。エビ・カニは貝類とも相性がいいので、たとえばアサリのだしと、エビ・カニのだしを合わせるなど、新しい試みもどんどんしていきたいと思っています。

◎昆布だし

昆布は羅臼昆布を使用し、水は浄水器を通した水道水を使用しています。東京の水には羅臼昆布、日高昆布、真昆布が合うと思います。中でも強いうま味のある羅臼昆布は甲殻類と相性がよく、また当店で使用しているマグロ節との相性も、この羅臼昆布がいちばんです。

材料
昆布（羅臼昆布）…250g
水（浄水）…10ℓ

1　鍋に水と昆布を入れ、60℃で2時間ほど熱する（時間は目安。味をみて判断する）。

2　充分味が出ていたら、昆布を引き上げる。

だしの科学
羅臼昆布は利尻昆布よりもグルタミン酸が多く、風味も強い。東京の水は硬度が高くグルタミン酸が出にくいため、羅臼昆布が適していると考えられる。

◎一番だし

羅臼昆布でとった昆布だしと血合い抜きのマグロ節を合わせ、使用する当日にひいています。エビ・カニには、カツオ節よりマグロ節のほうが、相性がいいのです。

材料
昆布だし
- 昆布（羅臼昆布）…250g
- 水（浄水）…10ℓ

マグロ節（血合い抜き）…250g

1　p.135のようにして、昆布だしをとる。昆布をとり出した後、沸騰直前まで温度を上げる（沸騰はさせない）。

2　**1**を弱火にし、マグロ節を入れる。

3　アクが出ればとり除く（血合い抜きのマグロ節を使用しているため、アクはほとんど出ない）。

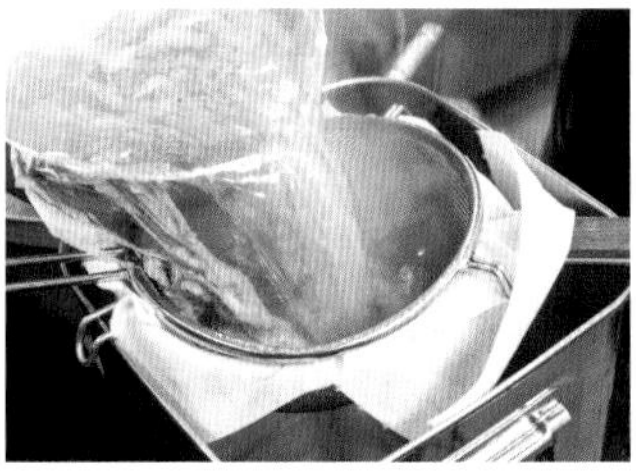

4　すぐに、クッキングペーパーを挟んだザルにあけ、自然に漉す（絞らない）。

だしの科学
マグロ節はカツオ節よりもイノシン酸が多く、香りも異なるため、料理全体における役割を考えて選ぶことが重要である。

◎二番だし

煮物や味噌汁の他、割りだしとしても使用します。うま味のしっかりとした濃いだしです。

材料
一番だし（p.136参照）のだしガラ
…p.136の量
水…だしガラと同量

1　一番だしをとった後のだしガラをすべて鍋に戻し、同量の水を加える。

2　**1**を火にかけ、中火で10分ほど煮出す。

3　**2**から昆布をとり出し、クッキングペーパーを挟んだザルにあけて漉す。

4　玉杓子で押しながら、しっかりと絞る。

◎車エビのだし

エビの中でも特に車エビの殻は、上質なだしがとれます。ミソが入った頭でとることもありますが、ここでは殻だけを使っています。澄んだ琥珀色の、香りのいいだしになります。エビの殻は、焼いてから煮出すことで風味が出ます。また、焼く前に軽くゆでておくと、変色が防げます。

材料
車エビの殻（エビミソが入っていないもの）…1kg
昆布（羅臼昆布）…25g
水（浄水）…適量
日本酒（純米酒）…20㎖

1 鍋に湯を沸かし、車エビの殻を入れる。

2 再び沸騰したら、ザルで漉して湯をきる。

3 **2**の殻をバットに広げ、中火のオーブンで焼く。

4 焼き色がついたら一度裏返し、また同様に焼く。香りが出てくればよい。

5 **4**の殻を鍋に入れ、水を入れ、日本酒と昆布を入れる。

6 一気に強火にして沸騰させ、一度アクをすくったら中火にし、あとはアクをとらずにコトコトと30分ほど加熱する。

7 クッキングペーパーを挟んだザルにあけ、漉す。

＊エビやカニをさばいた後の殻は、そのままにしておくと黒ずんでしまうので、すぐに冷凍し、ある程度の量になったらまとめてだしをとる。

＊頭の殻は、粉砕したものも冷凍保存し、濃厚なだしをとる際に使用している。湯を沸騰させたところに粉砕殻を入れ、アクをとった後に水気をきってオーブンで焼いてから、上記同様にだしをとる。

海老のだし巻き卵

エビの赤色が映えるように、卵は卵黄の白い米卵を使用しています。

材料
卵(米卵)…5個
車エビ(包丁でたたいた身)…適量
車エビのだし(p.138参照)…120㎖
塩、薄口醤油…各少量
米油…適量
染めおろし(大根おろしに薄口醤油を少量加えて混ぜる)…少量
木の芽…少量

1 卵と車エビのだしを軽く混ぜ合わせ、少量の塩と薄口醤油で味を調え、たたいた車エビの身も加える。

2 米油をひいた卵焼き器を火にかけ、**1**を流し入れて巻く。

3 **2**を5等分に切り分けて器に盛り、染めおろしをのせ、木の芽を添える。

車海老の真丈

車エビを、殻から身まですべて使ったお椀です。

材料
車エビ…1本
車エビの身（包丁でたたいたもの）…100g
白身魚のすり身…80g
卵の素
- 卵黄…1個
- エビミソオイル（p.155参照）…100mℓ
- エビミソ（p.155参照。エビミソオイルの底に沈殿したもの）…20g

昆布だし（p.135参照）…適量
車エビのだし（p.138参照）…適量
塩、薄口醤油…各少量
木の芽…少量

1 卵の素を作る。卵黄をボウルに入れ、端からエビミソオイルを少しずつ加えながら、泡立て器で混ぜ合わせて乳化させる。エビミソを加えて混ぜ合わせる。

2 たたいた車エビの身、白身魚のすり身、**1**の卵の素を混ぜ合わせ、昆布だしを加えて少しのばし、真丈地を作る。

3 **2**を丸にとって塩ゆでする。

4 車エビ1本はさっと塩ゆでし、尾を残して殻をむく（エビミソはとり出しておく）。身を開き、食べやすいよう背側に

包丁を入れておく。

5 椀に**3**の真丈と**4**の車エビを盛り、エビミソとたたいた木の芽をのせる。

6 車エビのだしを熱して塩、薄口醤油で味を調え、**5**にはる。

車海老茶漬け

鯛茶漬けの車エビ版です。

材料

車エビ（活。刺身用）…３本
ゴマ…適量
濃口醤油…適量
焼き海苔（細切り）…適量
あられ…適量
わさび（すりおろし）…適量
青ユズ皮（針ユズ）…適量
車エビのだし（p.138参照）…100mℓ
ご飯…100g

1 ゴマをすり鉢に入れ、醤油を少しずつ加えながら、よくすり混ぜる。

2 車エビは殻をむいて身を開く。

3 茶碗にご飯を盛り、**2**のエビの身を、**1**にくぐらせてのせる。海苔、あられ、おろしわさび、針ユズをのせる。

4 車エビのだしを熱く熱して、**3**の上からかける。

◎桜エビのだし

旬の桜エビのおいしさと、きれいな色を活かしただし。これでご飯を炊き、だしをとった後の桜エビを油で揚げて炊き上がりに加えれば、究極の桜エビご飯に。

ここで使用する昆布だしは、桜エビのうま味を補うために、味の濃く出る水だしを使っています。

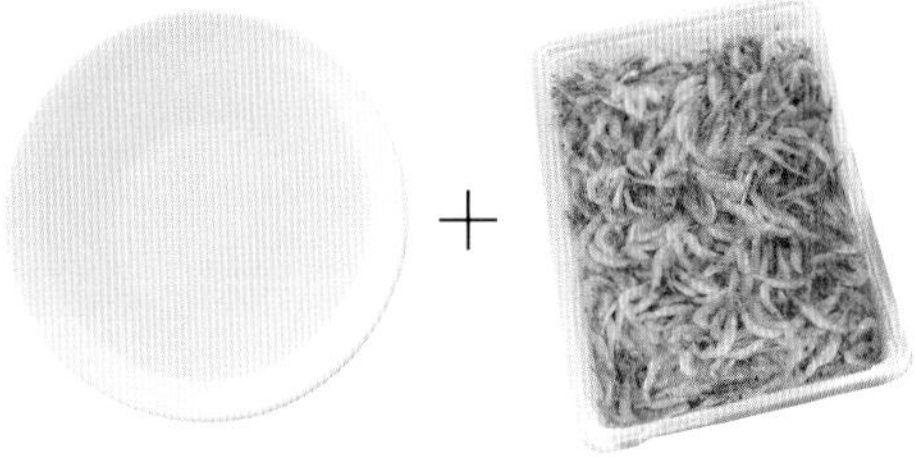

材料
桜エビ(生)…500g
昆布だし
- 昆布(羅臼昆布)…60g
- 水(浄水)…2ℓ

1 昆布を分量の水に入れ、冷蔵庫に1日置いて昆布だしをとる。桜エビは、ゴミなどをとり掃除する。

2 昆布だしから昆布をとり出して、火にかける。

3 沸いたら軽くアク(泡)をとり、

4 桜エビを入れて強火にする(ここで火をしっかり入れないと、桜エビが黒ずんでしまう)。

5 アクをとり、

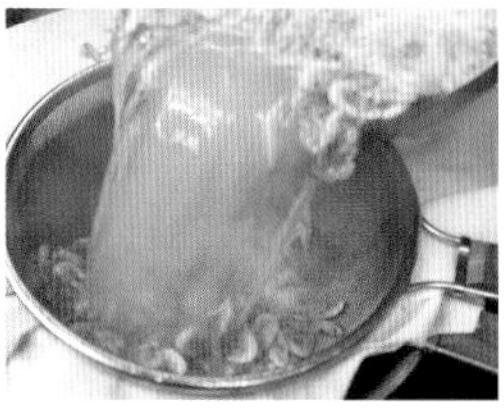

6 沸いたらクッキングペーパーを挟んだザルで漉す。

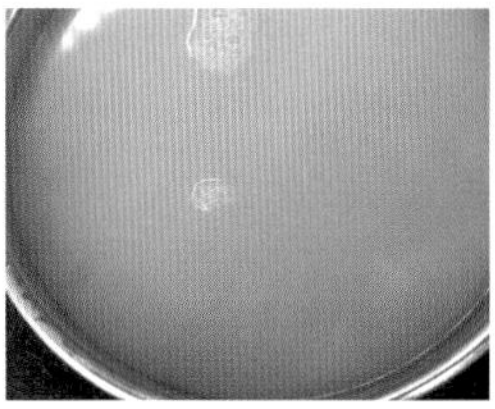

7 ほんのりとピンク色のだし。

8 ザルに残った桜エビは、粗熱がとれたら手で絞り、

9 出た汁を7のだしと合わせる。

＊絞った後の桜エビ。油で揚げて、ご飯の炊き上がりに添える。

だしの科学
桜エビは車エビに匹敵するほどグルタミン酸が多く、イノシン酸は期待できないが、うま味のあるだしがとれる。更に羅臼昆布を入れることで、コクのあるうま味の強いだしになるようにしている。

桜海老の炊き込みご飯

桜エビだけで作る炊き込みご飯。きれいな色を活かすため、調味料も最低限にしています。

材料（３人分）
桜エビのだし（p.142参照）…540mℓ
桜エビ（p.142のようにして、だしをとった後のもの）…200g
米（浸水したもの）…600g
揚げ油（米油）…適量
塩…適量（だしの１％）
日本酒…20mℓ

1 桜エビのだしに塩、日本酒を加え、浸水した米と合わせてご飯を炊く。

2 だしをとって絞った後の桜エビは、200℃の油で素揚げし、クッキングペーパーで油をきり、軽く塩を振る。

3 **1**の炊き上がりに、**2**の桜エビをのせる。

◎エビのクイックだし（二番だし＋エビの殻）

二番だしをベースに、エビやカニのだしをとる方法です。エビ・カニのだしが急に必要になったときに、便利なとり方です。うま味はすでに二番だしで出ているので、エビやカニの香りだけを加えるイメージです。この方法でも風味豊かなだしがとれます。

＋

材料

車エビの殻（広げてサーキュレーターの風を１日あて、乾燥させたもの）…30g

二番だし（p.137参照）…1ℓ

1　車エビの殻をバットに広げ、上火の焼き台で、中火で焼く。

2　焦がさないように注意しながら、こんがりと焼く。焼けたものからとり出し、30g分を計る。

3　二番だしを鍋に入れ、沸騰する手前（80℃）まで熱する（沸騰させるとえぐみが出て、昆布とマグロの香りも飛んでしまうので注意する）。

4　**3**に**2**の殻を入れ、30秒ほど加熱する。

5　クッキングペーパーを挟んだザルで漉す。

海老温麺

すっきりとしたクリアなエビだしが、素麺にぴったり。

材料
素麺…適量
車エビ…1本(1人分)
長ネギ(小口切り。洗いネギ)…適量
ユズ皮…適量
エビのクイックだし(p.144参照)…適量
塩、薄口醤油、ミリン…各適量

1 車エビは1分ほど塩ゆでし、殻をむいて身を開く。表面に、食べやすいよう包丁を入れておく。

2 エビのクイックだしを鍋に入れて沸かし、塩、薄口醤油、ミリンで味を調える。

3 素麺をゆでて、温度が下がらないように水でさっと洗い、水気をきり、器に入れる。**1**のエビをのせ、温かい**2**を注ぎ、エビの上に洗いネギをのせて、ユズ皮をおろしかける。

◎カニのクイックだし（二番だし＋カニの殻）

144頁のエビのクイックだしと同じ方法で、カニの殻を使ってとります。

＋

材料
松葉ガニの殻（サーキュレーターの風を
1日あて、乾燥させたもの）…100g
二番だし（p.137参照）…1ℓ

1　松葉ガニの殻はバットに広げ、上火の焼き台で、中火で焼く。

2　焦がさないように注意しながら、こんがりと焼く。焼けたものからとり出す。

3　**2**をハサミで粗く切り、100g分を計る。

4　二番だしを鍋に入れ、沸騰する手前（80℃）まで熱する（沸騰させるとえぐみが出て、昆布とマグロの香りもとんでしまうので注意する）。

5　**4**に**3**の殻を入れ、

6　30秒ほど熱する。

7　クッキングペーパーを挟んだザルで漉す。

松葉蟹と白菜のうま煮

白菜とカニは相性のいい組み合わせ。白菜にカニだしをかけてじっくり蒸すことで、カニのうま味が白菜にしっかり入ります。

↓212頁

ターツァイと蟹の炒め煮

一見中華風ですが、だしは和風の炒め煮です。

↓212頁

◎車エビの凍結だし

焼いた甲殻類の殻と昆布を水に浸け、冷凍してとるだしです。すっきりとした香りとうま味だけが抽出された、雑味のないピュアなだしがとれます。昆布の粘りも出ません。冷凍したものを冷蔵庫でゆっくり解凍する過程でおいしいだしが出ますので、あらかじめ仕込んでおいて、使用する前日に冷蔵庫に移せばよいので作業も楽です。このだしで野菜などを炊くと、雑味のないきれいな味の煮物になります。

材料
車エビの殻（頭を除いた殻の部分）
…400g
昆布（羅臼昆布）…60g
水（浄水）…2ℓ

1 車エビの殻を天板に広げ、上火の焼き台でじっくり焼いて香りを出す。途中で返しながら、全体に焼き色をつける。

2 1の殻を昆布とともにジップロックに入れ、分量の水を注ぐ。

3 しっかりと密閉し、冷凍庫に入れて冷凍する。

4 冷凍した状態で、保存する。

5 使用する前日に冷蔵庫に移して解凍し、クッキングペーパーを挟んだザルで漉す。

＊エビ・カニのだしは焼くことによって、エビらしさ、カニらしさが出ておいしいだしがとれる。凍結だしの場合も同じ。

だしの科学
焼いた車エビのメイラード反応の香りは揮発しやすいため、昆布とともに冷凍することで香りが保たれる。更に、昆布のアルギン酸などの増粘多糖類が構造を作り、冷凍後、ゆっくり解凍することで、濃度の高い部分から液体になり、濃厚なだしとして滴下する。濃度が高いと温度が低くても溶けるためであり、このような濃縮の方法を、凍結濃縮またはアイスフィルトレーションという。よってこの方法で濃厚なだしをとるなら、完全に解凍する前に漉すとよい。

海老イモの海老餡かけ

エビイモをエビだしで煮含めて、油で揚げます。煮汁にエビの身を加えて餡にし、エビづくしの一品に。

材料
車エビの凍結だし（p.148参照）…適量
エビイモ…1/2個
車エビ…２本
片栗粉…適量
揚げ油…適量
塩、ミリン…各少量
葛粉…適量
ユズ皮（針ユズ）…少量

1 エビイモは六方にむき、米のとぎ汁で、串がスッと通るようになるまでゆでて、水にさらす。

2 **1**が冷めたら水気をとり、鍋に入れ、車エビの凍結だしを加え、塩、ミリンで味を調えて火にかける。10分ほど弱火で火を入れ、そのままおいて自然に冷ます。

3 **2**のエビイモを一口大に切り、よく水気をとって片栗粉を薄くつけ、180℃の油で揚げる。器に盛る。

4 車エビは殻をむいて、身を包丁でたたく。

5 **2**の鍋の地を火にかけ、**4**のエビを入れる。水溶きの葛粉でとろみをつけて餡にし、**3**にかけ、針ユズをのせる。

◎松葉ガニの凍結だし

148頁の車エビの凍結だしと同じ方法で、松葉ガニの殻でとります。

材料
松葉ガニの殻…600g
昆布（羅臼昆布）…60g
水（浄水）…2ℓ

1 松葉ガニの殻を天板に広げ、上火の焼き台でじっくり焼いて香りを出す。

2 焼けたところから、バットにとり出す。

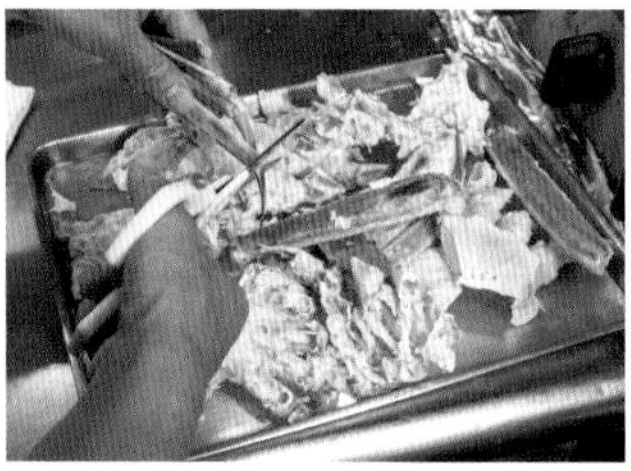

3 爪やとがった部分は、ハサミで切り落とす（袋がやぶけるため）。

4 **3**の殻を昆布とともにジップロックに入れ、分量の水を注ぐ。

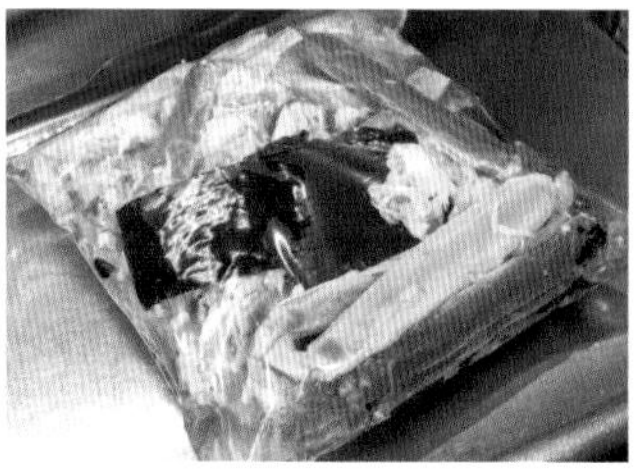

5 しっかりと密閉し、冷凍庫に入れて冷凍する。

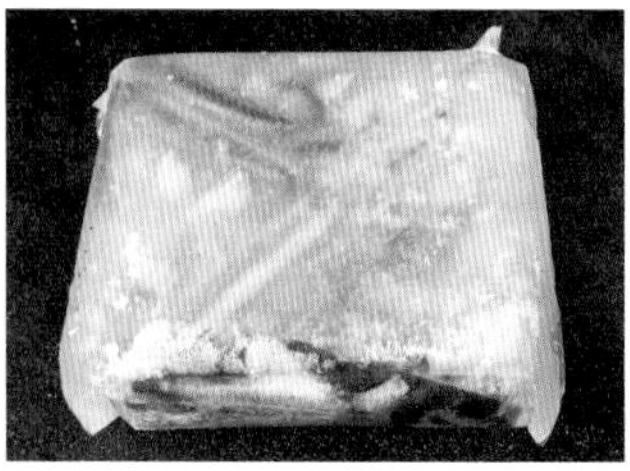

6 冷凍した状態で、保存する。

7 使用する前日に冷蔵庫に移して解凍し、クッキングペーパーを挟んだザルで漉す。

松葉蟹のだしを含めた
イクラと松葉蟹

カニだしを含ませることにより、イクラとカニがつながります。↓212頁

松葉蟹みその風呂吹き大根

松葉ガニのだしで炊いた風呂吹き大根に、カニミソベースの味噌をのせて。↓213頁

◎甲殻類のコンソメ

当店では、和食にこだわらず、さまざまなジャンルの技法もとり入れています。このコンソメもその1つ。見た目はクリアなだしですが、エビやカニの風味が濃く、野菜の甘味などが加わることによってバランスのよいだしになっています。濃度を変えるなどして幅広い使い方ができます。煮詰めて料理のソースにすることもあり、また、金華ハムを加えてフカヒレを煮込めば、中華風にもなります。

材料

甲殻類のだし…約5000mℓ

- エビやカニの殻各種（エビやカニを塩を加えた湯でゆでて、身をとり出した後の殻。冷凍保存しておいたものを使用している）…適量（外径34cm高さ5cmの鍋いっぱいに入る量）
- 水…約5ℓ
- 日本酒…180mℓ

＊殻の内容はそのときによって変わり、エビだけでとることも、カニだけでとることもある。使用するエビ・カニの種類により味は変わる。ここでは花咲ガニ、ズワイガニ（メス）、シマエビ、ボタンエビ、甘エビ、猛者エビの殻を合わせて使用した。

A

- 生姜（皮を部分的にむき、1cm角に切る）…1カケ分
- ニンジン（1cm角に切る）…1本分
- 玉ネギ（皮をむき、1cm角に切る）…1個分
- 玉ネギの皮…1個分
- 鶏挽き肉（胸肉）…1kg
- 卵白…4個分
- クローヴ…3～5粒

日本酒…180mℓ

トマト（ヘタをとり、十字に切り目を入れる）…1個

＊香りの強いセロリやローリエなどは入れない。

1　甲殻類のだしをとる：エビやカニの殻を、鍋にぎっしり詰めて入れる。

2　水をひたひたに入れ、日本酒を加える。

3　**2**を強火にかけ、沸いたらアクをとり（エビの殻が多いとアクは多く出る）、

4　中火にして（強火だと濁り、弱火だとだしが出ない）、ときどき味を確認しながら30分ほど煮る。

5　クッキングペーパーを挟んだザルで漉す。

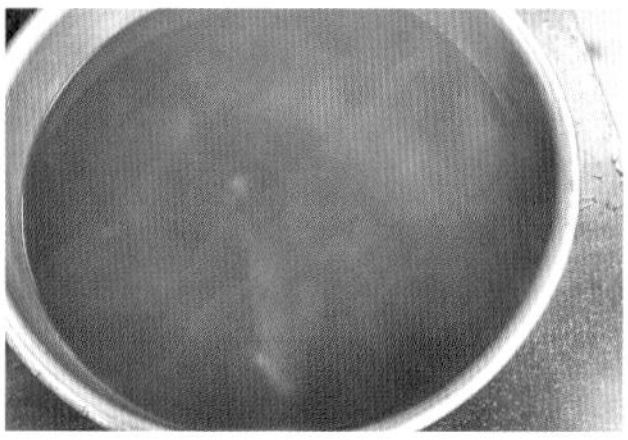

6　できただし。これを冷蔵庫に1日置いて冷ましておく。

7　コンソメを仕上げる：寸胴鍋にAを合わせて手でよく混ぜる。

8　**7**に冷めた**6**のだしを、下の濁った部分が入らないよう注意しながら少しずつすくって加え、更に混ぜていく。

9　ある程度つながったら、残りのだしをすべて加えて混ぜる。日本酒を180mℓ加える。

10　**9**を強火にかけ、焦げつかないよう鍋底を触りながら手で混ぜる（手が入れられる温度まで）。

11　**10**が熱くなったらトマトを入れる。鍋底にこびりつかないように木ベラで混ぜながら、沸騰直前まで加熱する。

12　挽き肉や野菜が浮いてきて、沸騰直前になりポコポコとしてきたら、弱め中火にし、

13　中央に穴を開けて20分ほど煮る（エビ・カニは、あまり時間をかけると臭みが出る）。

14　コンソメのでき上がり。

15　クッキングペーパーを挟んだザルに、**14**の液体を、玉杓子で丁寧にすくいながら、静かに注いで漉す。

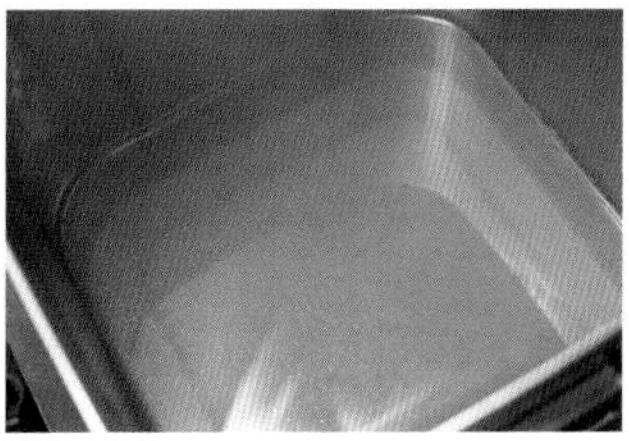

16　漉したコンソメ。これを氷水に浸けて急冷した後、冷蔵庫に1日置いて冷やす。

17　**16**をもう一度**15**と同様にして漉し、上に浮いた脂を除く。

＊フランス料理では、澄ませる際に牛挽き肉を使うが、エビ・カニの場合は味が負けてしまうので、クセのない鶏胸肉を使う。

だしの科学

だしの濁りは多くが分散した油脂によるものであるが、フランス料理には挽き肉と卵白のたんぱく質を利用した清澄化技術がある。これは、挽き肉と卵白を冷たいだしに混ぜ込んでから、ゆっくり加熱することで、たんぱく質が変性しながら分散した油脂を抱き込み、加熱の対流で表面に浮き上がる性質を利用したものである。

聖護院大根　海老コンソメ煮

エビでとったコンソメを、聖護院大根にたっぷり含ませます。だしのおいしさが引き立つように、よけいなものは何も加えません。

材料（作りやすい量）
車エビのコンソメ（殻は車エビのものだけを使い、p.152同様にとったもの）…適量
聖護院大根…1個
ユズ皮（針ユズ）…適量

1 聖護院大根は皮をむき、16等分に切る。米のとぎ汁で下ゆでして、粗熱をとる。

2 **1**の聖護院大根を鍋に入れ、車エビのコンソメをひたひたに加えて炊く。

3 **2**を1人分1切れとして器に盛り、炊いた地を60mℓはり、針ユズをのせる。

甲殻類のコンソメ餡と温度卵

餡を甲殻類のコンソメで作りました。この餡を合わせることにより、温度卵(温泉卵)が贅沢で上質な一品に。

材料（1人分）
卵（米卵＊）…1個
甲殻類のコンソメ（p.152参照）
…適量（1人分30mℓ）
葛粉…適量
エビあられ（＊＊）、マイクロリーフ
…各適量

＊米卵：鶏に米を食べさせることで、黄身を白くした卵。
＊＊エビあられ：あられにエビミソオイル（下記参照）をまぶし、天火で焼いて乾かす。

1 米卵で温度卵を作り、器に割り入れる。

2 甲殻類のコンソメを温めて、水溶きの葛粉でとろみをつけ、**1**に30mℓかける。エビあられを振り、マイクロリーフをのせる。

＊エビミソオイル

① 冷凍保存しておいたエビの頭（ミソが入ったもの）を鍋に入れ、同量の米油を加えて強火にかけ、150℃ほどまで温度を上げる。ときどき混ぜて焦げないよう注意しながら炒める。香ばしい香りが出てきて脚の部分がカリカリしてきたら、ボウルの上にセットしたザルにあけて漉す。
② ①のザルに残った殻を、上からマッシャーで押して、更にオイルを出す。
③ ボウルにたまったオイルがエビミソオイル。下に沈殿しているエビミソも、ディップにするなどの使い方ができる。

◎フジツボのだし

フジツボは、カニと貝を合わせたような、おいしいだしがとれます。殻からも味が出るので、水から入れて加熱してください。塩分が強いので、味つけの際の塩はほとんど必要ありません。

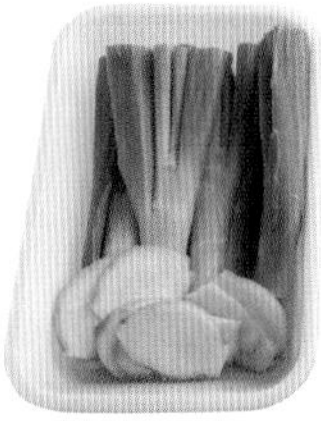

材料
ミネフジツボ（青森県産養殖）…２kg
長ネギ（青い部分）…適量
生姜（薄切り）…適量
酒…360mℓ
水（浄水）…適量

1　フジツボは流水にあてながら、タワシでよく洗ってゴミなどをとる。

2　**1**を鍋に入れ、ネギの青い部分と生姜を入れ、酒、水をひたひたになるように加える。

3　アルミホイルで落とし蓋をして火にかける。

4　沸騰したらアクをとり、強火で３分ほど煮出す。

5　クッキングペーパーを挟んだザルをボウルにかけ、漉す。

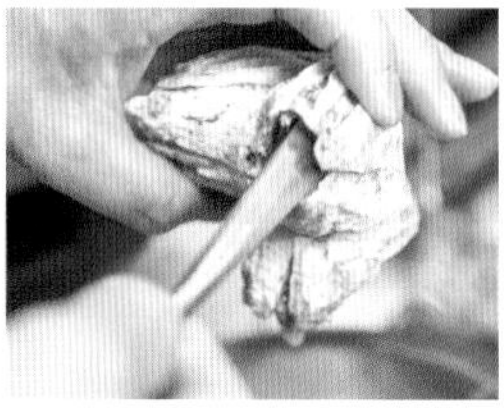

6　フジツボの粗熱がとれたら、中にスプーンの柄を差し込んで身を殻からはがす。中にもだしがたっぷり入っているので、**5**のボウルの上で行う。

7　身はピンセットでとり出す（身は料理に使用する）。

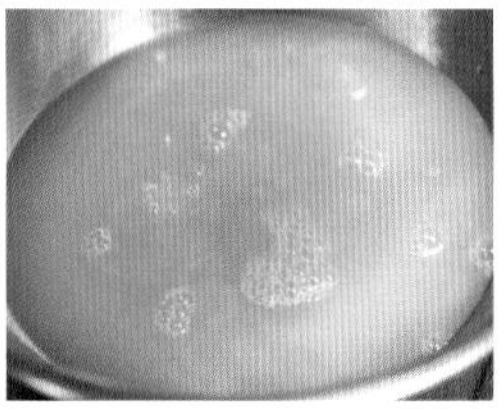

8　うま味たっぷりのだし。

＊身は硬い部分をとり除いて掃除し、１％の塩水に入れてふり洗いし、殻などを除いた後料理に使用する。

フジツボじゅんさい

スダチの酸味をきかせてさっぱりと。

材料
フジツボのだし(p.156参照)…適量
スダチの絞り汁…適量
フジツボの身(p.156のようにして、だしをとった後のもの)…適量
ジュンサイ…適量

1 フジツボのだしにスダチ果汁を絞り入れ、冷蔵庫で冷やしておく。

2 ジュンサイはさっとゆでて、色を出し、氷水にとって冷やす。

3 器に**1**を入れ、**2**のジュンサイとフジツボの身を散らす。

フジツボジュレ

フジツボのだしを寒天で寄せてジュレに。塩分が強いので、塩はほとんど加える必要はありません。↓213頁

フジツボだしのお椀

フジツボのだしが主役のお椀です。↓213頁

フジツボ茶碗蒸し

味つけは、フジツボのうま味と塩だけ。

材料
フジツボのだし（p.156参照）…4（割合）
卵…1（割合）
フジツボの身（p.156のようにして、だしをとった後のもの）…適量
生姜（すりおろし）…適量

1 卵1：フジツボのだし4の割合で混ぜ合わせて漉す。器に入れ、蒸気の立った蒸し器に入れて15分蒸す。

2 蒸し上がった**1**の上に、フジツボの身、おろし生姜をのせ、再び蒸し器に入れて温めて提供する。

◎エビの和風ビスク

これも元来の日本料理のだしのとり方にはない技法です。通常のビスクはもう少し野菜の割合が多いのですが、これはエビの殻を多めにし、また、ニンニクは使わずに、生姜と昆布を加え、白ワインの代わりに日本酒と一番だしを使うことで、フランス料理とは違う、和食寄りの仕上がりになるようにしています。

材料（作りやすい量）
エビの殻、頭（ミソ入り）…1kg
長ネギ（青い部分）…30g
生姜…20g
米油…180mℓ
玉ネギ（みじん切り）…1個分
セロリ（みじん切り）…1本分
ニンジン（みじん切り）…1本分
日本酒…200mℓ
ご飯…100g
トマトジュース（無塩）
…500mℓ
一番だし（p.136参照）
…500mℓ
水（浄水）…500mℓ

1 青ネギと生姜を米油で炒めて香りを出す。

2 香りが出たら、エビの殻と頭を入れ、ヘラでつぶすようにしながら炒めて（強火→中火）、殻にしっかり火を入れる（鍋肌にこびりつくようになるまで）。

3 全体が赤くなるまで火を入れ（最初に全体に火を入れておかないと、仕上がりが黒くなる）、

4 香りが出てきたら、玉ネギ、セロリ、ニンジンを入れ、

5 炒める。

6 中火で15分ほど炒めて香りを出し、鍋肌にこびりつくまで炒める（これが、エビ独特のうま味になる。ただし焦げないよう注意する）。

7 鍋の側面にこびりついてきたら、上下を返す。その後1〜2回上下を返して入れ替えながら更に火を入れたら、日本酒を加え、

8 まわりにこびりついたものをこそげとる。

9 火を強めてアルコールをとばした後、ご飯とトマトジュース、一番だしを入れて混ぜ、火を強めて15分ほど煮出す。

10 火を止める。常温で冷まして粗熱をとった後、ミキサーにかける。

11 目の大きさの違うシノワを重ねてポットにかけ、**10**をあけ、ヘラで押しながら漉す。

12 シノワに残ったもの。

13 シノワに残った**12**を鍋に戻し、水500㎖を加えて10分ほど煮出す。鍋肌についたものもゴムベラでこそげとる。

14 **13**を一度ザルで漉した後、**11**のシノワにあけ、再びヘラで押しながらポットに漉し入れる。

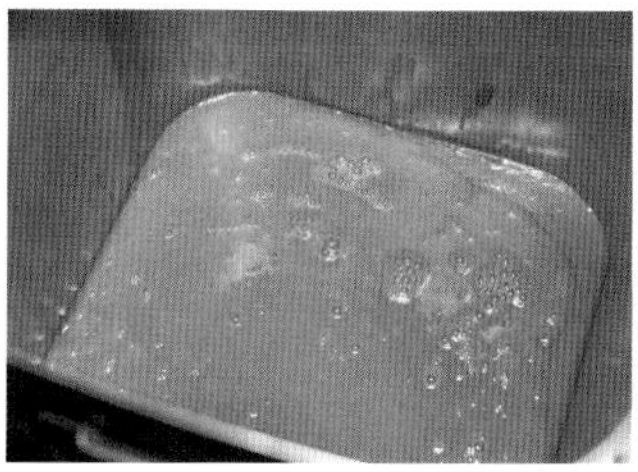

15 でき上がり。

＊最初に目の粗いシノワで漉し、それを下の目の細かいシノワで漉すようにすると口当たりよく仕上がる。はじめから細かいもので漉しても、下に落ちていかない。

車海老の和風ビスク

生クリームを加えて塩で味を調えるだけで、おいしいスープになります。

材料（１人分）
エビの和風ビスク（p.160参照。車エビの殻と頭でとったもの）…50mℓ
生クリーム（乳脂肪分35％）…25mℓ
塩、粗挽きコショウ…各適量
あられ…適量

1 エビの和風ビスクを鍋に入れて火にかけ、温まったら生クリームを加えて混ぜ、塩で味を調える。

2 温めた器に**1**のビスクを注ぎ、粗挽きコショウとあられを散らす。

車海老のロールキャベツ

ビスクが、濃厚なソースのような役割を果たします。

材料（1人分）
エビの和風ビスク（p.160参照。車エビの殻と頭でとったもの）…適量
一番だし（p.136参照）…少量
車エビの身（生の車エビの殻をむき、包丁でたたいたもの）…20g
キャベツ（塩ゆでしたもの）…1枚
塩…少量
水溶き葛粉…適量
マイクロリーフ…少量

1 たたいた車エビの身をキャベツで巻き、蒸気の上がった蒸し器に入れて、10分蒸す。

2 エビの和風ビスクに一番だしを少量加えてのばし、塩で味を調え、水溶きの葛粉でとろみをつける。

3 提供用の土鍋に**1**を入れ、**2**を注ぎ、マイクロリーフをのせる。

◎カニの濃厚スープ

カニのうま味に野菜の甘味を加えた濃厚なスープ。使用するカニの殻により、味は変わります。夏ならワタリガニを使い比較的あっさりめに、冬なら毛ガニや松葉ガニなどを使って濃厚に。塩で味を調えてそのままスープとして提供したり、生クリームを加えてビスク風にしてもいいでしょう。大根などの根菜を煮てもおいしいです。

材料
カニの殻(ミソ入り＊)…１kg
米油…少量
日本酒…500mℓ
一番だし(p.136参照)…500mℓ
水(浄水)…500mℓ＋１ℓ
サラダ油…適量
長ネギ(青い部分。みじん切り)
…20g
生姜(みじん切り)…10g
玉ネギ(みじん切り)…20g
セロリ(みじん切り)…10g
ニンジン(みじん切り)…20g
トマト(またはトマトホール。
小角切り)…１個分
ご飯…50g

＊その日にゆでて、身をとり出した後のカニの殻(カニの種類は日によって変わる)。ミソの部分も入れることで、濃厚なだしがとれる。ミソを入れない殻でとると、あっさりとしただしになる。

1　鍋に米油をひいて強火にかけ、カニの殻を入れ、ヘラでつぶすようにしながら火を入れる。なるべく細かくつぶしたほうが、だしが出やすい。

2　水分が抜けてきたら火を中火にし、鍋肌をこそげ、焦げないように混ぜながら香ばしさが出るまで炒める(オーブンで焼いてもよい)。

＊こびりついた部分はおいしさのもとになるが、1ヵ所でも焦げてしまうと使えなくなるので、香りを確認しながら混ぜ続ける(焦げる1歩手前がおいしい)。

3　日本酒を加え、アルコールをしっかりとばしながら、鍋をこそいだ後、一番だしと水を500mℓ加える。沸騰後10分ほど煮込む。

4　3をロボクープにかける。

5　二重にしたシノワで漉す。

6 シノワに残った殻は鍋に戻し、水を1ℓ加えて沸かす。沸騰後中火にして10分煮出す。

7 **6**を二重にしたシノワにあけて上から押して漉し、**5**の液体と合わせる。

8 別鍋にサラダ油と長ネギ、生姜を入れて炒める。

9 香りが出たら、玉ネギ、セロリ、ニンジンを入れてキツネ色になるまで炒める。中火～弱火でじっくり炒め甘味を出す。

10 トマトを加える。

11 ご飯を入れる（濃度を出すため）。

12 **11**に**7**のスープを少しずつ入れながら混ぜて、加熱する。

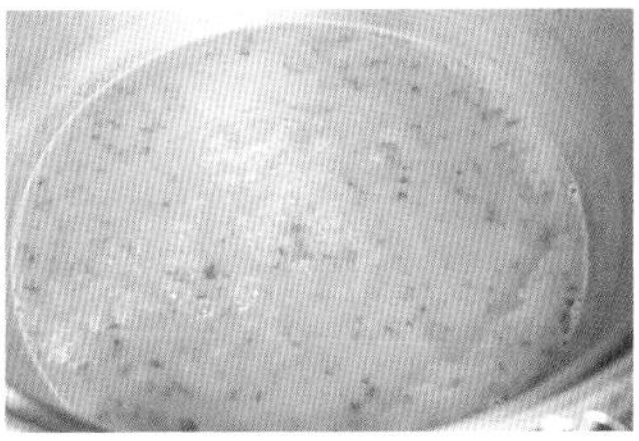

13 沸騰したら弱火にし、10～20分煮る。

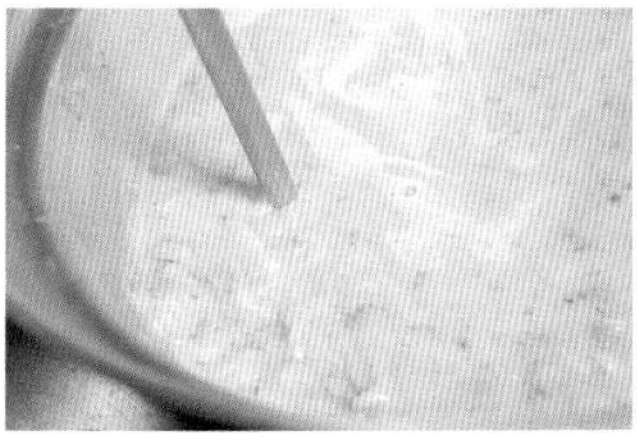

14 バーミックスで撹拌する。ご飯のでんぷんでとろみがついている。

15 二重のシノワにあけ、玉杓子で押しながら漉す。

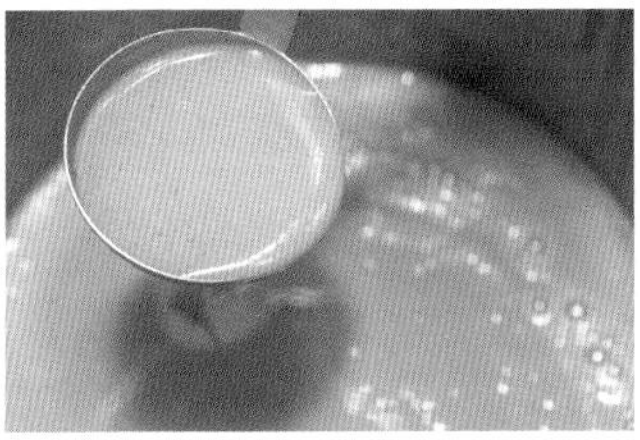

16 でき上がり。

＊シノワは、目の細かいものに、目の粗いものを重ねて使用する。

蟹のポタージュ

濃厚なカニの風味が楽しめる、和風ポタージュ。

材料
カニの濃厚スープ（p.164参照）…適量
毛ガニの身（塩ゆでした後、殻からとり出したもの）…適量
生姜（針生姜）…少量
塩…適量

1 毛ガニの身は、上火の焼き台でさっと温めて香りを出す。

2 **1**を器に盛り、温めて塩で味を調えたカニの濃厚スープを注ぐ。カニの上に針生姜をのせる。

他ジャンルのシェフの和だし使い

［スブリム］

加藤順一

『スブリム』は、東京・麻布十番にあるフランス料理レストラン。

加藤シェフは調理師学校を卒業後、芝パークホテル『タテル・ヨシノ』で修業を積み、和歌山の『オテル・ド・ヨシノ』ではスーシェフを務める。その後渡仏し、パリの『アストランス』を経て、デンマーク・コペンハーゲンの『AOC』、『レストランマーシャル』で北欧料理を学ぶ。帰国後、２０１５年の『スブリム』開店と同時にシェフに就任。（※『スブリム』のシェフを退任後、２０２０年『ラルジャン』開業に伴い、シェフに就任。）

フランス料理の技術をベースに、北欧のテクニックやプレゼンテーションをミックスし、日本の食材を積極的にとり入れながら、オリジナリティのある料理を作り上げる。

フランス料理では、ビスクという、殻から煮出したクリームソースをよく使います。ビスクはとてもおいしいソースで、もともとはオマールエビのために作られたソースです。ですから、伊勢エビを使おうというときに、僕もはじめはこのビスクを合わせたのですが…。フランス料理ってソースがおいしすぎるんですね。食べたときにソースの印象のほうが強くなってしまう。

伊勢エビは、オマールエビより繊細です。更にこの料理（168頁）では、その身の繊細さを活かすために、香ばしさをつけないよう低温のバターで火を入れています。そこにおいしすぎる塩気の強いソースをもってくるのはどうなのだろうと、疑問をもったのです。このソースを使えば、オマールも伊勢エビも、そして車エビもブラックタイガーも、みな同じ印象になってしまいますから、せっかくいい素材を選んで使っても、その意味がなくなってしまうのではないかと。食べたお客様は、もしかしたらその料理自体はおいしいと感じるのかもしれませんが、それは素材を活かす料理とは言い難い。素材を活かすという観点から、この伊勢エビには別のソースを合わせたいと思い、マグロ節のだしとハーブを使ったソースを合わせました。和食的な考え方といえるかもしれません。

今は、選択肢が広がってさまざまなものが使える時代です。フランス料理に和のだしが使われることも昔ほど珍しくはありませんが、僕はあくまでも、その素材に必要だと思ったときに使います。和のだしが使いたいからと、料理を考えることはありません。

和食のだしだからといった固定観念があると、かえって使いづらくなってしまうかもしれませんね。カツオ節を使っただしにはスモーキーな感じがあるので、うま味をもったスモークのソースととらえると、使い方の幅ももっと広がるのではないでしょうか。そこまで主張が強いわけでもありませんから、素材をひき立てる、１つのパーツと考えるといいかもしれません。

伊勢海老のバターポーチ マグロ節とハーブのソース

バターとだしが合わさったときの香りや味がとても好きなのですが、そこにハーブの軽やかさが加わると、よりおいしさを感じます。ただ、カツオ節のだしでは少し強すぎるので、より繊細なマグロ節のだしを使用しています。

セイコガニのジュレ仕立て 生姜風味の出汁シート

もともとカニと生姜の組み合わせが好きで、カニの身を和えたカニのコンソメには、昆布とともに生姜の風味を控えめにきかせています。玉ネギのムースを挟み、最後にかぶせたのは、生姜をきかせた昆布水で作ったゼリーシートです。これらを重ねることにより、食べたときに味や食感の変化が楽しめる、前菜にふさわしい1品になりました。

伊勢海老のバターポーチ
マグロ節とハーブのソース

材料
伊勢エビ…1本
バター（無塩）…適量
ソース
- 昆布だし（＊）…適量
- マグロ節…適量
- 葛粉…適量
- ローズマリーのオイル（＊＊）…適量

ツルクビカボチャのピクルス（＊＊＊）…適量

＊昆布だし：利尻昆布を水に入れ、60℃で1時間ほど煮出してとる。
＊＊ローズマリーのオイル：ローズマリー1に対してひまわりオイル2の割合で合わせてミキサーにかけ、布で漉したもの。
＊＊＊ツルクビカボチャのピクルス：ツルクビカボチャに、ツルクビカボチャのピューレを詰めて、ピクルスにしたもの。

1 伊勢エビは、沸騰した湯に入れて1分間ゆで、氷水にとる。冷めたら身を殻からとり出す。

2 バターを鍋に入れて低温で温め、**1**の身を入れて、色がつかないようにゆっくりとミディアムレアに火を入れる。

3 ソース：昆布だしにマグロ節を加えて軽く沸かし、漉して、一番だしをとる。水溶き葛粉でとろみをつけ、ローズマリーのオイルを加える。

4 **2**の伊勢エビを器に盛り、ツルクビカボチャのピクルスを添え、温めた**3**のソースをかける。

セイコガニのジュレ仕立て
生姜風味の出汁シート

材料
セイコガニ…適量
香味野菜、生姜、昆布（利尻昆布）、卵白、
板ゼラチン（戻したもの）…各適量
ハーブ（シブレット、セルフィーユ、春菊、
イタリアンパセリ、ディル）…適量
玉ネギのムース
- 玉ネギ、バター（無塩）、卵白…各適量

昆布と生姜のゼリーシート
- 昆布（利尻昆布）、生姜、イナアガー…各適量

マイクロ春菊（春菊の若葉）…少量
春菊のオイル（＊）…少量

＊春菊のオイル：春菊1に対してひまわりオイル2の割合で合わせてミキサーにかけ、布で漉したもの。

1 セイコガニをゆでて、身とミソ、内子と外子をとり出す（殻はとりおく）。身はほぐしておく。

2 **1**とは別に生のセイコガニをぶつ切りにし、**1**の殻、香味野菜、生姜、昆布とともに鍋に入れ、水をひたひたに注いで火にかけ、2時間ほど加熱してカニのだしをとる。

3 **2**を卵白を使って澄ませ、クリアなコンソメにする。

4 **3**にゼラチンを加え、ほぐしたセイコガニの身、ハーブを加えて混ぜ合わせる。

5 玉ネギのムース：スライスした玉ネギを、バターで、色をつけないようにゆっくり炒める。火が通ったらミキサーでピューレにする。卵白を加えてエスプーマでムースにする。

6 昆布と生姜のゼリーシート：昆布を水に入れて、60℃で1時間ほど煮出して昆布水を作る。昆布水を適量とり分けて軽く沸かし、火からおろして、生姜のスライスを何枚か入れる。香りが移ったら、静かに漉す。この生姜昆布水にイナアガーを加え、薄くのばして固め、丸型で抜く。

7 器に**4**を入れ、**5**の玉ネギのムースを絞り、**6**のゼリーシートをかぶせる。マイクロ春菊を散らし、春菊のオイルをかける。

他ジャンルのシェフの和だし使い

［ドン ブラボー］

平 雅一

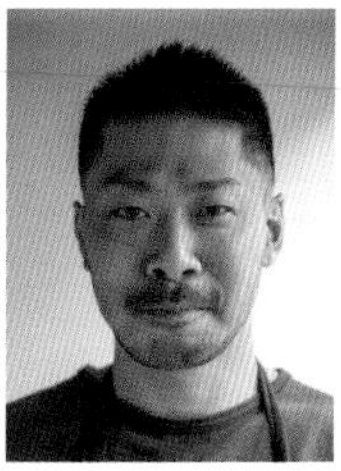

『ドン ブラボー』は、東京・調布市国領にあるイタリア料理レストラン。

平雅一シェフの料理修業は、林冬青氏が営んでいた広尾の『ＡＣＣＡ（アッカ）』からスタート。その後イタリアに渡り、フィレンツェの『ラ・テンダ・ロッサ』他数店で修業を重ねる。帰国後、『リストランティーノ・バルカ』（現『ＴＡＣＵＢＯ』）の立ち上げに加わり、下馬の『ボッコンディヴィーノ』のシェフを務めた後に独立。２０１２年に『ドン ブラボー』をオープンした。

自分のこれまでの食体験とイタリアの郷土料理を照らし合わせながら、日本の食材や調理技法も自由にとり入れ、既存のイタリア料理にとらわれないおいしい料理を提供することを目指す。

だしに限らず、僕は自分の作る料理のジャンルをあまり意識してはいません。勉強したレストランがイタリア料理店、行った国がイタリアだったというだけです。

レストランの有り方として、イタリアの郷土料理をそのまま伝えようとするのであれば、だしや醤油を使うべきではないし、イタリアの食材を使って現地の味に近づけるのもいいと思いますが、僕は、自分が今、いちばんおいしいと思うものを食べてもらう場所を作りたいと思い、店をはじめました。ですから、料理にも、そこにうま味が入ったほうがおいしければ、和のだしを使うこともあるのです。それをやらないのは、おいしさを作るという目的からはずれてしまいます。

帰国後さまざまなジャンルの料理人と関わり、勉強会などにも参加する中で得た知識や情報は、どんどんとり入れるようにしています。和のだしも、日本料理の料理人さんに教えてもらった方法でひいています。

この店で提供するのはコース料理のみです。アラカルトであれば、どの皿もその中でバランスをとる必要がありますが、コースの場合は、コース全体で五味のバランスをとることで、お客様に感動を与えられるのではないかと思っています。そしてその中で、うま味が必要な場面が出てくるのです。

和のだしには、洋のだしにはないうま味、バランス、静かさなどがあり、日本人にとっては安心感もあります。また、一般的なイタリア料理をイメージしていたお客様にとっては意外性もあり、コースのスターターとして使うには、うってつけではないかと思います。たとえば今、コースの最初に出している「ミネストローネ」と名づけた1品は、野菜の切れ端などでとっただしに鶏のだしを加え、オリーブ油をたらして提供します。料理名から想像していたイメージを軽く裏切り、これからはじまるコースへの期待感も、感じていただけるのではないかと思います。

ボンゴレ

アサリがおいしい時季の、コースのスタートに出している1品。メニューには、なじみのある料理名「ボンゴレ」として載せています。提供されるのは、おそらく想像とは異なる和のお澄ましのような1品。ところが、飲んでみると和食ではない。というひねりがきいています。和のだしを「イタリア」に寄せているのは、最後に加えたオイルです。

茶碗蒸し

茶碗蒸しに、『山利』さん（和歌山）のシラスを合わせた1品。この釜揚げシラスは脂がのり、ふわふわでとてもおいしい。シラスと卵はもともと相性がよく、イタリアでもオムレツ（フリッタータ）がおなじみです。しかしこのシラスの繊細な味を活かすには、オムレツよりも、だしをきかせた茶碗蒸しがいいのではないかと思い、合わせてみました。

これも、誰もが知っている茶碗蒸しにシラスやケッパー、オリーブ油を合わせることにより、新鮮な1品になっています。まったく未知のものではなく、食べたことのあるものに何かをプラスすることで生まれる意外性が、楽しさにつながります。

サバ、ドライトマト

衣をつけて揚げたサバに、ドライトマトのだしを合わせました。ドライトマトの戻し汁を、そのままだしとして使用したものです。使い方や考え方が、日本料理的といえるでしょうか。

ボンゴレ

材料
一番だし
昆布（利尻昆布）…25g
カツオ節…5g
水…1ℓ
アサリだし
アサリ…適量
イタリアンパセリのオイル
イタリアンパセリ、太白ゴマ油…各適量
E.V.オリーブ油…少量

1 一番だし：昆布を水に浸けて一晩おく。
2 **1**をすべて鍋に入れ、80℃で1時間半加熱する。
3 昆布をとり出し、一度沸かしてアクをとる。
4 85℃に温度を落とし、カツオ節を入れる。火からおろし、ザルで漉す。
5 アサリだし：アサリに、かぶるくらいの水を加えて火にかけ、殻が開いて好みの味になったら、火からおろして漉す。
6 イタリアンパセリのオイル：イタリアンパセリと太白ゴマ油を合わせて、バイタミックスで回しながら60℃まで温め、色が出たら、1日かけてゆっくりと漉す。
7 アサリだし7対一番だし3の割合で合わせ、温める。器に注ぎ、E.V.オリーブ油1滴と、イタリアンパセリのオイルをたらし提供する。

茶碗蒸し

材料
一番だし（上記参照）…適量
卵…適量
薄口醤油…適量
ケッパー（塩漬けを塩抜きしたもの）、釜揚げシラス、E.V.オリーブ油…各適量

1 一番だしと卵、薄口醤油を合わせて漉し、器に入れて蒸し器で5分蒸し、やわらかい茶碗蒸しを作る。
2 **1**の上にケッパーと釜揚げシラスをのせ、上からE.V.オリーブ油をかける。

サバ、ドライトマト

材料
ドライトマトのだし
水…1ℓ
ドライトマト…250g
サバ（生。切り身）…適量
塩、小麦粉、卵、パン粉、揚げ油…各適量
ブラータチーズ…少量
熟成ジャガイモのピューレ（＊）…適量
トマトのパウダー…少量

＊熟成ジャガイモのピューレ：北海道の村上農場の熟成ジャガイモを蒸してから皮をむき、つぶして牛乳とバターを加えて混ぜる（ドライトマトのだしに塩味があるので、塩は加えない）。

1 ドライトマトのだし：分量の水に、ドライトマトを入れて真空用袋に入れ、真空にして1日おいておく（使うドライトマトにより、味に違いが出る）。
2 サバに塩をして、小麦粉、溶き卵、パン粉の順につけ、しっかりと揚げる。
3 **2**を器に盛り、ブラータチーズを少量削りかけ、ジャガイモのピューレをのせ、トマトのパウダーをのせ、**1**のドライトマトのだしを流す。
＊ だしをとり終わった後のドライトマトは味が出きっているので、まかないなどで使用する。

おもなだし素材

（昆布／カツオ節／煮干し・焼き干し）

昆布

おもな昆布の種類と生産地

昆布の品種は14属45種あり、そのうち日本人が食用としているのは10種ほどである。日本の昆布の約95％は北海道全域で、その他は青森県、岩手県、宮城県の三陸海岸沿いで採れる。

北海道沿岸では、寒流（親潮）の流れる太平洋側には長昆布、日高昆布などが見られ、知床半島の根室側には羅臼昆布が、対馬暖流の流れる日本海沿岸や、オホーツク海沿岸には細目昆布、利尻昆布が、対馬暖流から分かれた津軽暖流が流れ込み、親潮とぶつかる渡島半島東部沿岸から噴火湾、室蘭地球岬付近までには真昆布が見られる。

昆布の生息分布域には海流（水温）の他にも、陸地・海中の岩盤の種類、砂浜か砂利浜か、山から流れ込む養分など、さまざまな環境要因がかかわっていると考えられる。

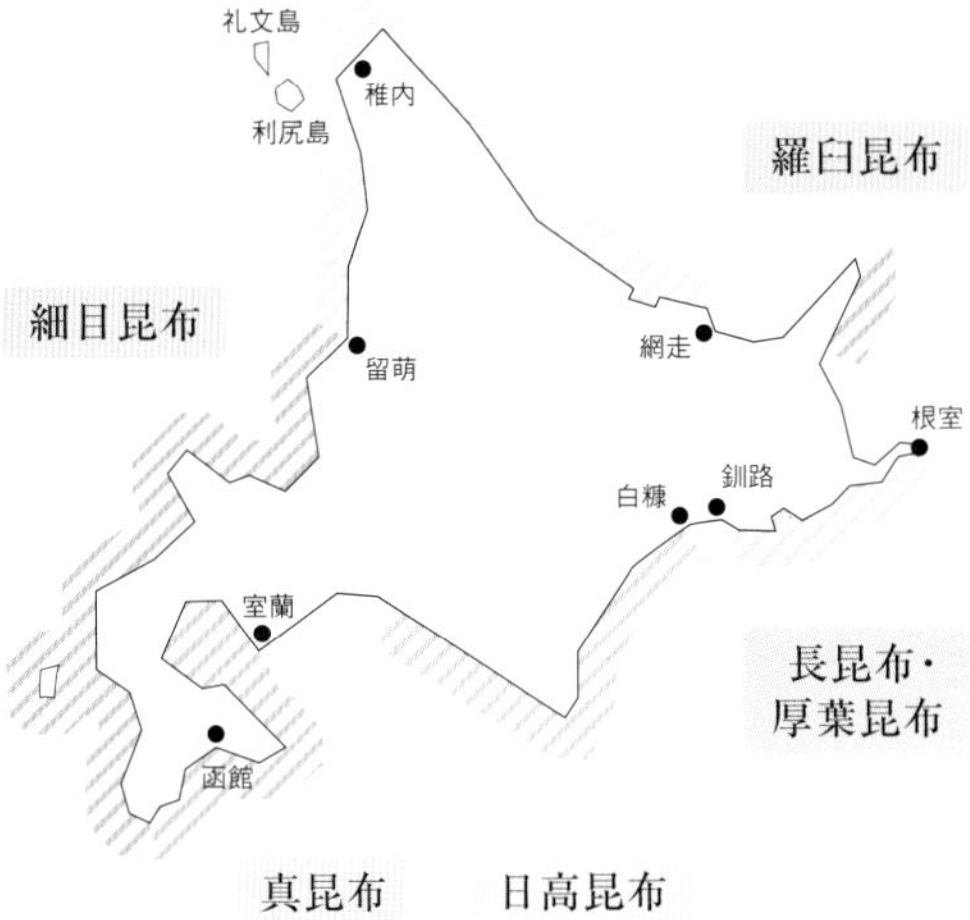

◎真昆布

別名「山だし昆布」。別名の由来については、「この地域の昆布が、集積地の函館に運ばれる際に山を越えて出荷されていたから」など諸説ある。淡い色の甘味のあるだしがとれ、特に大阪では好んで使われる。

道南の渡島《おしま》支庁白神《しらかみ》岬から函館市、恵山《えさん》を経て噴火湾に至る地域に、本州は青森県下北半島、岩手県、宮城県の沿岸に生息する。

昆布は同じ種類であっても、成育する場所によって品質や味が異なる。道南では汐首《しおくび》岬を境に海洋条件が大きく変化し、そのため岬の東西で昆布の製品としての特性も異なる。

渡島半島では砂原から恵山岬地帯を「白口浜」（※）、恵山岬から汐首岬地帯を「黒口浜」（※）、汐首岬から函館地帯を「本場折浜」と呼び、優れた製品を産する「道南三銘柄」として知られる。またその他にも「真折浜」、「場違い折浜」などの銘柄がある。

※白口浜と黒口浜は、元揃昆布（180頁参照）が主体で、それぞれ「白口元揃」、「黒口元揃」と呼ばれる。「白口」「黒口」とは、昆布を切ったときの切り口の色からきている区分で、身が厚く切り口が白く見える昆布を「白口」、黒く見える昆布を「黒口」と呼び、これらの昆布が採れる浜をそれぞれ「白口浜」「黒口浜」と呼んで銘柄名としている。

◎利尻昆布

北海道最北端の利尻《りしり》・礼文《れぶん》両島と、留萌《るもい》以北、稚内《わっかない》の野寒布《のしゃっぷ》岬、宗谷《そうや》岬を経て、オホーツク海沿岸の網走に至る地域に生息する。

利尻島・礼文島で採れるもは「島物《しまもの》」と呼ばれ、他の地域で収穫されるものは「地方《じかた》」と呼ばれる。品質は島物のほうが上で、高級品として流通する。礼文島の香深《かふか》浜、船泊《ふなどまり》浜、利尻島の仙法志《せんぽうし》浜、沓形《くつがた》浜などが代表的な収穫浜で、中でも香深産は別格といわれる。

植物学的にはマコンブの変種で、形状はマコンブより幅が狭く、葉の基部は細いくさび形をしている。色は黒褐色で、葉は硬い。干す際にのばさないため、形がよれている。

透き通った、クセのない上品なだしがとれ、特に京都では好んで使われている。

◎蔵囲《くらがこい》昆布

乾燥させた昆布を、そこから更に長期熟成させるものがある。「蔵囲」とも呼ばれる工程で、福井県の敦賀などにある昆布卸問屋が行っていた。

もともとは、雪のために不通になり、昆布が運べなくなった際に、やむなく雪解けまで鰊蔵に保管されたことにはじまるというが、これが昆布によい作用をもたらすことを偶然発見したことが、その後の「蔵囲」につながった。

陸上交通が整備されるとともに、この「蔵囲」をする昆布問屋は少なくなったが、敦賀市の『奥井海生堂』では、現在も、できるだけ土蔵に近い形に作った専用の蔵の中で、藁で編んだむしろで覆って光と風を遮断し、湿度60％前後、年間を通して20～22℃前後の温度調節をした中で、最低でも1年、長いものは2年、3年をかけてゆっくりと熟成させている。

長期熟成が可能な昆布は、限られた収穫浜の天然昆布で、天日干しが条件。中でも礼文島の香深浜産の利尻昆布は、すばらしい熟成をするという。

◎羅臼昆布

正式名称は「リシリ系エナガオニコンブ」。知床半島の、根室側の沿岸にのみ生育している。幅が20～30㎝と広く、長さは1.5～3ｍ。採取できる海域が狭く、希少である。

天日干しをした後に、夜露で湿らせて、それをのばし、巻いて、またのばし、再び天日干しで乾燥させるというように、他の昆布よりも製造工程が多く、より手間がかかる。

漁期の前半に採取されたものを「走り」、後半に採取されたものを「丸羅」と呼ぶ。また、表面の色が黒色の「黒口」と、赤褐色の「白口」に分けられ、見た目のよい黒口は、白口より高値で取引される。

だしは黄色味を帯びており、濃厚で香りもしっかりとしている。

その他の昆布

◎日高昆布

日高郡新ひだか町（旧・三石郡三石町）のある日高地方が主産地で、三石《みついし》昆布とも呼ばれる（標準和名：ミツイシコンブ）。十勝地方の沿岸から白糠《しらぬか》に至る地域や、道南にも生育する。長さ2～7m、幅は6～15cmと細く、縁は波打っていない。濃緑で黒褐色を帯び、繊維質がやわらかいのが特徴。そのため煮上がりが早く、だし昆布としてだけでなく、煮物の具材、昆布巻きや佃煮などによく使われる。

だしとしては磯の香りが強く、やや濁りやすく、他の昆布にくらべると甘味が少ない。関東以北でよく使われている。

◎長昆布

ミツイシコンブの変種の1つ。釧路《くしろ》付近より北、国後《くなしり》島、色丹《しこたん》島、択捉《えとろふ》島にかけての海域に産する。日本の沿岸で産するコンブ類の中ではもっとも長くなり、20mに達するものもある。幅は6～18cmで、縁は波打っていない。寿命は3年といわれる。

だしには向かないが、煮えやすいためおでん、昆布巻き、佃煮などの材料になる。家庭料理用の食材として、「早煮昆布」「野菜昆布」などの商品名でも売られている。

◎がごめ昆布

函館、室蘭の沿岸など、真昆布とほぼ同じ地域に生育している。葉全体にあるでこぼこした模様が、籠目に見えるところから名づけられた。粘りが強く、そのもとになっている水溶性の食物繊維「フコイダン」を多く含むことで、健康食品として注目されるようになった。松前漬けに欠かせない昆布でもある。

◎厚葉昆布

がっがら昆布とも呼ばれる。長昆布とほぼ同じ地域に生育する。葉は厚みがあり、縁もほとんど波打っていない。佃煮、塩昆布、昆布巻きなどの材料として使われる。

◎細目昆布

北海道の日本海側、利尻島、礼文島から渡島半島の福島町まで分布する。もっとも古くから採取されている昆布だが、現在生産量は多くない。一年生のため、1年目の夏に採取する。細めで色は黒く、切り口が白い。粘りが強く、とろろ昆布、納豆昆布などの材料として使用される。

昆布の一生

食材として収穫される多くの昆布の寿命は2年である（3〜4年のものもある）。

昆布は、シダやキノコと同様に「胞子」で増える。ただしこの胞子には鞭毛《べんもう》があり、海水中を遊泳することができ、「遊走子《ゆうそうし》」と呼ばれる。

放出された遊走子は、遊泳して成長に適した岩場などに着底すると、発芽成長して「配偶体」になる。この配偶体にはオスとメスがあり、成熟して精子と卵を形成し、受精して受精卵を生じる。この受精卵が発芽して成長し、「幼胞子体」となる。この幼胞子体は春先から成長を早め、夏には大きな昆布の姿（胞子体）となる。更に秋口には成熟して遊走子を作り、放出する。この1年目の昆布は、冬になるころに休止期に入り、葉状部の半分以上は枯れてしまう。が、次の年の春になると、残った葉状部の下のほうにある成長点から再生し、1年目よりも大きく成長する。秋口には再び遊走子を作り、それを放出した後に枯死して寿命を終える。

昆布の構造と成長

昆布は、いちばん下にある通常「根」と呼ばれる部分、そのすぐ上の細い茎状部、その上の葉状部の3つの部分から成る。「根」は、陸上の植物のそれとは異なり、栄養を吸収する働きはほとんどなく、岩などに結合して動かないようにするための器官である。私たちが食べたり、だしをとるために使用しているのはおもに葉状部で、昆布は海の中で、この部分で光合成を行い、また、海水中の栄養分も吸収している。

昆布は、陸上の植物とは異なり、葉状部の下のほうに成長点（成長するための細胞分裂が盛んな場所）があり、葉状部の先端のほうを送り出すようにして成長する。つまり、昆布は先端側が古く、根元に近い側が若いのである。

天然昆布の採取から出荷まで

ほとんどの天然昆布は、2年目の、大きく成長したものを採取する。1年目の昆布は「水昆布」と呼ばれ、身が薄くだしも出ないため収穫しない。

昆布の採取から出荷までのおおまかな流れは、以下の通り。

①まず漁業者が、早朝に海底から昆布を採取する（漁に出る日は、昆布が1日で干し上がるような天気のよい日が選ばれる）。↓②採取した昆布を小石を敷き詰めた干場《かんば》に運び、海水で洗った後、広げて天日で乾燥させる（＊）。↓③夕方には倉庫へ収納。適度な乾燥状態になるまで、この天日干しと収納を繰り返す。↓④決められた長さに切断したり、幅広の昆布は夜露にあてて湿らせてのばし、また乾燥させるなどした後、昆布専用の倉庫でねかせる（これを庵蒸《あんじょう》という）。この間に昆布は黒々とした色になり、昆布臭さが軽減される。↓⑤昆布により、縁を刈るなどして形を整えた後、規格に合わせて選別し、品目や等級別に結束。検査を受けて出荷となる。

＊天日干しの他、機械を使って乾燥させる方法もあり、同じ生産地でも天候によって天日干しと機械干しを併用することもある。

養殖昆布

養殖されている昆布は、真昆布、利尻昆布、羅臼昆布など産地・品種的に商品価値の高いものがほとんどである。特に渡島地域（真昆布）では、養殖昆布の占める割合がきわめて高くなっている。

養殖の工程は、まず成熟した天然昆布を採取し、陸上の施設で種苗を培養、生産し、その後海中で本養成を開始する。養殖昆布は、天然昆布と異なり、海中につるされて成長するため、海底に向かってのびる形となる。

昆布の養殖には、天然と同様2年ほどの期間を経て水揚げする2年養殖と、苗種を促成処理し、1年弱の育成で水揚げする促成養殖がある。

昆布の規格と等級

同じ種類の昆布であっても、さまざまな条件や規格によって分類され、それにより価格も変わる。昆布の価格を決める条件は、採れる浜、等級、天然か養殖かなどの違いである。

たとえば採れる浜については、真昆布なら、価格の高い順から白口浜→黒口浜→本場折浜→真折浜→場違い折浜。利尻昆布なら礼文島→利尻島→稚内。日高昆布なら特上浜→上浜→中浜→並浜となる。成育する場所（浜）により、品質などに微妙な差が生じるためで、年ごとに多少の変動はあるが、浜別の価格構成を行う。これを浜格差という。

等級は「北海道水産物検査協会」が定める、長さ、幅、重さ、厚さ、色、形、傷や白粉のありなしなどの規格により、1等から6等までの等級が決められ、幅が広く厚いものほど等級は高くなる。生産者は乾燥を終えた昆布を、規格に合わせて一定の長さに切断したり、結束をする。天然と養殖では、天然のほうが価格は高くなる。

【製品に関する用語】

元揃《もとぞろえ》昆布：根元を揃えて結束した昆布。以前は長いまま結束したが、現在は羅臼昆布はほとんどが75cmに、真昆布は90cmの長さに折って結束する。

長切《ながきり》昆布：75cmから105cmの一定の長さに切り揃えて結束した昆布。

棒昆布：20～60cmの長さに切り結束した昆布。

折昆布：切らずに27～75cmの一定の長さに折りたたんで結束した昆布。

カツオ節

おもな生産地

原料となるカツオは、現在ほとんどが、太平洋の赤道付近の海域で漁獲され、凍結されて運ばれてきたものが使用されている（まれに近海で捕れたカツオが使われることもある）。よって、生産地によって原料のカツオに違いはないが、漁獲された時期、漁獲方法などによってカツオ節の品質に違いが出ることがある。漁獲方法についていえば、巻き網漁より一本釣りで漁獲され、1本ずつ冷凍されたもののほうが、イノシン酸の量が多く、酸味のもととなる乳酸の量が少ないといわれる。

カツオ節の基本的な製造方法は同じだが、工場ごとに、カツオの切り方、煮方、燻煙のかけ方など細かいところに工夫をすることで、味に特色を出している。

カツオ節の生産地は、鹿児島県の枕崎《まくらざき》市と指宿《いぶすき》市、静岡県の焼津《やいづ》市に集中し、この3都市で国産カツオ節の約98％を生産している。いずれも漁港をもち、カツオの水揚げからカツオ節の製造までが、一貫したシステムで成り立っている。

枕崎市：国産カツオ節の生産量日本一。市内には40軒以上のカツオ節工場がある。カツオ節製造の歴史は300年以上。

指宿市：国産カツオ節の生産量第2位。28軒のカツオ節工場がある。本枯節の製造技術が高く、品質のいい本枯節を製造している。

＊以前は山川港で水揚げされ、指宿市山川地区で製造されていたところから、山川産カツオ節と呼ばれていた。

焼津市：冷凍カツオの水揚げ量は日本一。国産カツオ節の生産量は第3位。15軒のカツオ節工場がある。工場ごとに特徴がある。

カツオ節ができるまで

カツオ節は、製法の違いによって「荒節《あらぶし》」と「枯節《かれぶし》」に分けられる。違いはカビ付けを行っているかどうか。「枯節」は、カビの力で発酵・熟成させることで、カツオ節の風味を高めている。

◎**荒節**

生切《なまぎ》り：解凍したカツオを三枚におろし、小さな3kg以下のカツオはそのまま、通常のカツオ節（本節）になる3kg以上のカツオは、それぞれの身を血合いの部分を境に更に2つに切り分ける。背側の身で作るものを「雄節《おぶし》（背節）」、腹側の身で作るものを「雌節《めぶし》（腹節）」という。また、3kg以下のカツオで作られるカツオ節は、その形から「亀節」と呼ばれる。このように3kg以下のカツオからは2本の、3kg以上のカツオからは、4本のカツオ節ができる。

←

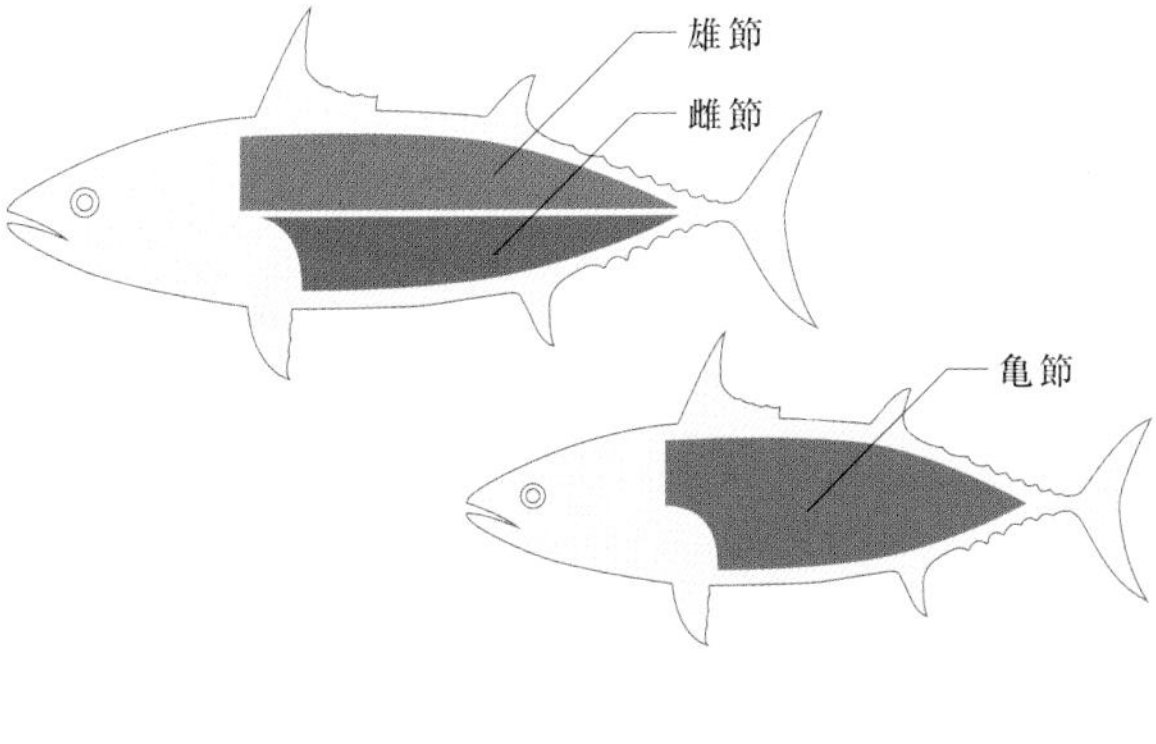

籠立《かごだ》て：おろしたカツオの身を、専用の籠に並べる。

←

煮熟《しゃじゅく》：籠立てされた籠を重ね、90℃前後の湯で、1時間半～2時間半程度（カツオの大きさによる）煮る。カツオの筋肉細胞は熱変性し、代謝が止まる。

←

骨抜き：冷ました後皮の一部をはぎとり、掃除して骨をとり除く。でき上がったものが、通常「なまり節」と呼ばれるもの。これを再び籠に並べる。

←

一番火の焙乾《ばいかん》：焙乾は、なまり節を燻して乾燥させる作業。1回目は特に「一番火」または「水抜き焙乾」とも呼ばれ、90℃ほどで1時間ほど軽く燻す。これは表面の雑菌を殺すことを主目的に行われる。

←

修繕：欠けたり崩れたりした部分に、カツオのペースト（煮熟身と生身を合わせたもの）を塗り込んで形を整える（その後の作業による身割れなどを防ぐため）。

←

焙乾と庵蒸《あんじょう》：本格的な焙乾の工程。焙乾方法にもよるが、1日に5～8時間ほど燻し、その後夜の間に8時間～半日やすませる（庵蒸）。これを10～15日間ほど繰り返す。

一気に乾燥させずに、焙乾と庵蒸を繰り返すことで、内部の水分も徐々に抜いていく。表面は真っ黒なタールがついた状態。また、燻されることによって独特の香りがつき、脂肪分の酸化防止、防腐の効果も得られる。

＊ここまで終えたものを「荒節」という。使う前に表面のタールを削り落とす。市販の削り節は、この荒節が多く使われる。

◎枯節

荒節

←

表面削り：荒節の表面にこびりついたタールを、グラインダーで削りとり、形を整える。整え終えたものを、「裸節」という。美しい赤茶色をしている。

←

日乾：裸節を、数日間天日で干す。

←

カビ付け：裸節を専用の庫内に入れて、カビを発生させていく。最初のカビが生育したら、天日干しした後ブラシで払い落とし、また2週間ほどかけて次のカビを発生させ、という作業を繰り返す。カビ付けを最低2回以上繰り返したものは「枯節」と呼ぶことができ、3回以上繰り返して更に熟成の進んだものは、「本枯節」と呼ばれる。

＊カビが成長する過程で、節に残っていた水分が吸収されて乾燥が進み、微生物の働きによる発酵・熟成で風味が増す。また、だしの濁りの原因になる表面の脂肪分が分解されるため、澄んだだしを得ることができる。

【血合い抜きか血合い入りか】

魚の血合いは血管が多く集まり、生臭みが強い部分。カツオ節には、血合いを残したものととり除いたものがある。だしは、血合い入りでとったもののほうが味が強く、血合い抜きでとると、臭みや雑味がおさえられ、上品な透き通ったものになる。料理によって使い分ける。

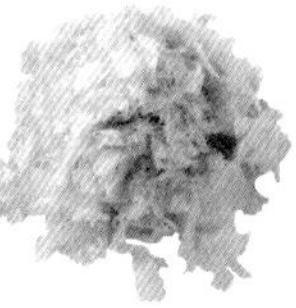

その他の節類

節の原料となる魚はカツオだけではない。マグロ、サバ、イワシなど他の魚でもカツオ節と同様の方法で節が作られる。これらはまとめて「雑節」とも呼ばれるが、料理によっては欠かせないだし素材になっている。

◎マグロ節

マグロの中でも、脂の少ないキハダマグロの幼魚（1.5～3kg）で作られる。関東では「メジ節」、関西では「シビ節」ともいう。枯節はほとんどなく、荒節が主体。だしは色が薄く、クセのない上品な味が特徴。削り節は食べてもおいしく色が白いため、料理に振りかける「糸削り」にも多く加工される。

【削り方とだし】

節は削って使用する。削り方によって、だしの出方も異なる。多くの日本料理店では薄く削ったものが使われるが、関東の蕎麦店うどん店などでは、厚削りのカツオ節を使い、しっかり煮出してだしをとるのが一般的である。

削った節の香りは揮発しやすいため、薄削りを使ってとる椀などのだしは、できるだけ直前にひくなどして香りを残したい。

◎ソウダ節

ソウダガツオ（おもにマルソウダ）を原料とする。マルソウダは目と口先が近いところから、「メジカ」という名で呼ばれる地域もあり、そのため節は「メジカ節」とも呼ばれる。高知県の土佐清水が一大産地。だしは濃厚で色も濃く、蕎麦やうどんのだしなどに、カツオ節やサバ節と合わせて使われることが多い。

◎サバ節

おもにゴマサバで作られる。ゴマサバはマサバにくらべて脂質が少なく、節に適している。

だしはうま味が強く、雑味が少ない。香りは弱い。蕎麦やうどんのだしなどに、カツオ節やソウダ節と合わせて使われることが多い。

その他、関西以西のうどん店などで使われているマイワシ、カタクチイワシ、ウルメイワシなどで作るイワシ節。中部地方でよく使われるムロアジ節、ラーメン店でなどで使われ注目されるようになったサンマ節などがある。

煮干し・焼き干し

煮干しは、魚介類を煮てから乾燥させて作る食品で、原料としてカタクチイワシ、マイワシ、ウルメイワシ、マアジ、ムロアジ、チダイ、トビウオ、サバ、サンマなど多種類の魚が使われているが、単に「煮干し」といえば、カタクチイワシのものを指すことが多い。「焼き干し」は、煮ないで焼いてから乾燥させて作るため、よりうま味が濃縮されている。

カタクチイワシの煮干しには、白口煮干しと青口煮干しの2種類がある。瀬戸内海と長崎の一部で（千葉の九十九里では、ある短い時期にだけ）獲れた、背の色が薄いもので作られるのが白口煮干し。日本海および関東の外海で獲れた、背の色の黒っぽいもので作られるのが青口煮干しである。

西日本では、カタクチイワシの煮干しのことを「いりこ」と呼ぶ。香川県の讃岐うどんには、このいりこだしが欠かせない。

煮干しは、形が整っていて、やせているもののほうが評価が高い。鮮度の低下した魚を使用した場合、腹部の破裂などが見られ、また、やせた魚の煮干しのほうが、脂質酸化による品質の低下が起こりにくいためである。

うま味の多い煮干し（いりこ）を作るためには、原料となるカタクチイワシを漁獲してから煮るまでの工程をいかに短くするかが重要である。香川県の伊吹島は、絶好のカタクチイワシの漁場として知られ、漁場と加工場が非常に近く、上質ないりこの生産地になっている。

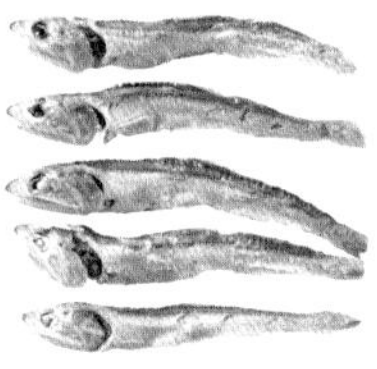

◎いりこ（香川県産）

瀬戸内海の燧灘《ひうちなだ》のカタクチイワシで作られたもの。カタクチイワシは成長の度合いにより、小さいものから順にチリメン（シラス）、カエリ、小羽《こば》、中羽《ちゅうば》、大羽《おおば》と呼ばれ、カエリから大羽で作られるものがいりこと呼ばれる。だしにはおもに小羽から大羽までが使われる。小羽でとるとあっさりとしただしになり、中羽、大羽となるにつれて、だしも強くなる。

◎アゴ焼き干し

アゴはトビウオのこと。九州や日本海側で呼ばれる名である。長崎県の平戸は有名な産地で、焼き干し作りも盛ん。煮干しよりも濃厚な、風味の強いだしがとれる。

参考文献:
「だしの基本と日本料理」
柴田書店編（柴田書店）
「昆布と日本人」
奥井隆（日本経済新聞出版社）
「だしの神秘」
伏木 亨（朝日新聞出版）

参考URL:
https://kombu.or.jp/
https://www.konbukan.co.jp/
https://www.kurakon.jp/
https://www.hro.or.jp/
http://www.h-skk.or.jp/
http://ogurayayamamoto.co.jp/

だしを考える

一番だしの調理科学

川崎寛也

昆布や節の種類によって含まれるうま味成分の量が異なるうえ、加熱時間と温度によっても抽出されるうま味成分と香り成分の量や質が異なるので、考えるべき条件は複雑である。しかし、何を変えれば味や風味にどのような変化があるかを知っていれば、ある程度予測しながら試作ができる。そこで、これらの条件の解説と、本書に出ている店(＊)の一番だしの比較から、理解を深めたいと思う。

＊だし素材の重量がわかる5店。

一番だしの素材とひき方の条件について考えてみる。考えるべき条件をリストアップすると、

1 昆布の種類
2 節の種類(カツオ節・マグロ節)
3 昆布と節の量および水の量
4 加熱時間と温度(昆布と節)

が挙げられる。これらについて個別に解説した後、ひき方について論じてみたい。

1 昆布の種類

まず、昆布の種類と熟成について述べる。日本料理店で使用されているおもな昆布を利尻昆布、真昆布、羅臼昆布とすると、うま味成分としてのグルタミン酸がもっとも多いのは羅臼昆布である。続いて真昆布であり、利尻昆布はもっとも少ない。

料理店では、ある期間ねかせて熟成させた昆布が多く使われる。昆布の熟成の目的は、一定の湿度の保管庫に置いておくことで、「おいしくする」ことであるが、最近の研究から、熟成中にグルタミン酸が増加することはないことがわかっている。熟成によって起こることでおいしさに影響するのは、脂質酸化物の揮発とメイラード反応である。ここでの脂質酸化物は、昆布を乾燥する過程で生成するもので、いわゆる昆布臭として感じられる。メイラード反応は、アミノ酸と糖の反応によるもので、茶色い色の成分であり、香ばしい香りがある。熟成した昆布でひいただしが茶色いのは、メイラード反応によってできた成分による。ここでいう脂質酸化物やメイラード反応の成分は、1種類のものではなく、複雑な化学反応でできた成分の総称である。

2 節の種類

カツオ節を使うかマグロ節を使うかは、地域によってというより、どのような料理に仕立てたいかによるようであるが、うま味成分としてのイノシン酸は、マグロ節のほうが多いというデータがある。もちろんイノシン酸が多いからよいというものではなく、香りの質が異なることもあり、それらを総合的に考える必要がある。

本枯節が多く用いられていると思うが、本枯節は、燻製とカビ付けが行われている。燻製によってつけられた燻製香は、だしに独特の香りを付与し、日本の一番だしを世界的にも珍しいだしにしている大きな要因である。カビ付けによってつけられたカビは、カツオの表面の水分を減少させ、よい匂いの脂質酸化物を作ることがわかっている。また、燻製時にはメイラード反応でできた成分も付着

しており、カツオ節の複雑な香りに寄与している。

3　昆布と節の量および水の量

昆布と節の量が水に対して多いほど、当然うま味成分は多く抽出される。しかし、前述したように、昆布や節によって、うま味成分であるグルタミン酸やイノシン酸が含まれる量が異なる。たとえば同じ量の利尻昆布と羅臼昆布を入れても、抽出されるうま味成分の量が異なるため、昆布と節の量というだけではうま味の強さは決められない。

また、うま味の相乗効果の研究から、グルタミン酸とイノシン酸が同濃度のときにもっともうま味を強く感じることがわかっている。もちろん、昆布と節の量を同じにしても、含まれるグルタミン酸とイノシン酸の量が同じになるわけではなく、それぞれのだしに含まれるグルタミン酸とイノシン酸の濃度から考える必要がある。

表1：おもな昆布のグルタミン酸量と節のイノシン酸量

昆布のグルタミン酸量

真昆布1等（2002年産）	3049mg/100g
羅臼昆布2等（2002年産）	3384mg/100g
利尻昆布1等（2002年産）	1494mg/100g

節類のイノシン酸量

カツオ節	474mg/100g
マグロ節	967mg/100g

＊うま味インフォメーションセンター（https://www.umamiinfo.jp/）の「うま味データベース」より抜粋（小数点以下四捨五入）

そしてまた、グルタミン酸とイノシン酸の量を同じにすべきということでもない。グルタミン酸が多く抽出されるようにすると、後味のうま味の余韻が長いだしになり、グルタミン酸とイノシン酸を低い濃度で1：1に近づけてうま味の相乗効果を活かした場合は、後味のキレのよいだしになる（193頁図6参照）。これは、うま味の相乗効果によりうま味を強く感じたとしても、グルタミン酸とイノシン酸の濃度が低いため、うま味成分が口の中からなくなるのが早いためである。

4　加熱時間と温度

ひき方を考えるうえで重要なことは、それぞれの味成分や香り成分の水への溶解性である。基本的にはグルタミン酸やイノシン酸は水に溶ける。したがって、昆布の水出しであっても、うま味であるグルタミン酸が水に溶け、だしがひけるのである。もちろん温度を上げると、グルタミン酸やイノシン酸は水に溶けやすくなるため、うま味成分は水に早く抽出される。

一方、香り成分は水にはあまり溶けないものが多い。しかし、カツオ節の香り成分であるメイラード反応や燻製の香り成分には、水溶性のものも多い。だからこそ、だし素材からうま味成分だけでなく香り成分も抽出でき、香り豊かなだしが成立したと考えられる。ただし、香り成分は温度が高まるにつれ揮発していく。香り成分によって揮発する温度は異なるが、温度が高いと早く揮発する成分もあるため、だしをひいた後はすぐに提供するか、密閉してできるだけ早く冷やすことで香りを保つことが重要である。

利尻昆布の場合は熱量をかけて抽出することで、グルタミン酸だけでなく香り成分もしっかり抽出できるだろう。羅臼昆布や真昆布は、グルタミン酸が多いため、熱量をかけずに加熱することで、香りの調整をしつつグルタミン酸の抽出が可能となる。節類については、一番だしは薄削りを使うため、基本的にはイノシン酸はすぐに溶出すると考えられるが、香りについてもしっかり抽出したいため、底に沈んでから漉すとよい。

189頁のグラフ（図1）は、各店のだしに使われている昆布とカツオ節またはマグロ節から抽出される、グルタミン酸とイノシン酸の濃度を示している。ただし、ひいただしを分析したのではなく、使われているだし素材の量から計算したものである。したがって、実際には加熱条件によって抽出される成分が変わってくる。加熱条件は、参考のために昆布だしの加熱温度×時間を「熱量」として算出し、赤色の濃さで示した。

前述したように、グルタミン酸とイノシン酸が同濃度のときにもっともうま味を強く感じる。『木山』の一番だしはグルタミン酸とイノシン酸が、計算上はほぼ同程度のバランスであった。昆布だしの加熱の熱量も高いため（加熱温度が高めで時間も長め）、グルタミン酸は充分抽出されている。計算上のうま味強度（うま味強度計算値。189頁図3参照）では高い値を示しているが、昆布だしだけで濃いだしをひくよりも、後味にキレのある一番だしになっていると予測できる。

『てのしま』はグルタミン酸もイノシン酸も少ないが、うま味強度計算値ではある程度の強度になっている。これは、グルタミン酸とイノシン酸の濃度は低いが同程度のバランスに近く、うま味の相乗効果によって感じるうま味によると考えられる。

『虎白』と『翠』はうま味強度計算値では同程度だが、『虎白』は、うま味の相乗効果のある後味にキレのある一番だしに、『翠』は、グルタミン酸のうま味と昆布の香りを活かした、後味の長い一番だしになっていると予測される。

『うぶか』はグルタミン酸もイノシン酸も多く、加熱の熱量も大きいため、多くのグルタミン酸が抽出されていると考えられる。したがって、濃厚で後味のうま味も強く長い一番だしになっていると予測できる。

自店の現状の一番だしを基準としたとき、昆布のグルタミン酸とカツオ節またはマグロ節のイノシン酸の濃度や、香り成分および加熱の熱量から、求める一番だしの方向性を考えることができる。成分分析をしなくても、たとえば、うま味が強く、かつ後味のキレがよいものにしたい場合は、うま味の相乗効果を活用してイノシン酸の多いマグロ節を増やしてみる。また、うま味の余韻を長くしたい場合は、昆布の量を増やしたり、羅臼昆布や真昆布を試してみる、といったように考えることができるだろう。

だしのおいしさは、うま味などの味成分と香り成分からなり、それらをだし素材から水に移すことが、「だしをひく」という調理である。だし素材とひき方の組み合わせは、最終的には、どのような料理に仕上げたいかから、逆算して選択する必要がある。したがって、「正しいだしのひき方」を考えるというより、だしのひき方とだしの味と風味の関係を理解すること、更には、実現したいだしの味・風味を決めたうえで、だしのひき方を決めることが重要である。

表2：グラフ作成に使用したデータ

店名	昆布	カツオ節または マグロ節	昆布だし 加熱条件	熱量	昆布種類	節種類	グルタミン酸	イノシン酸	うま味強度 計算値
虎白	10.0	20.0	60℃×40分	2400	真昆布	カツオ節	304.9	94.8	377
木山	18.0	53.3	85℃×75分 ＋30分	8925	利尻昆布	カツオ荒節 ＋カツオ本枯節 ＋マグロ節	268.9	252.8	843
翠	20.0	10.0	40℃×60分 ＋80℃×30分	4800	真昆布	カツオ本枯節	609.8	47.4	408
うぶか	25.0	25.0	60℃×120分	7200	羅臼昆布	マグロ節	846.0	241.7	2538
てのしま	15.0	15.0	65℃×90分	5850	利尻昆布	カツオ本枯節	224.1	71.1	214
	g/水1000mℓ	g/水1000mℓ					mg/だし1000mℓ	mg/だし1000mℓ	

＊使用する素材の重量に幅がある場合は、最小量を記した。
＊昆布だしの加熱時間に幅がある場合は、最長時間を記した。
＊熱量は、昆布だしの加熱温度×時間（分）。『木山』は、火を止めた「＋30分」の間も、85℃が継続したと仮定。『てのしま』の水出し分は、熱量に含めていない。
＊グルタミン酸とイノシン酸量は、昆布に含まれるグルタミン酸と、節に含まれるイノシン酸が、100％抽出されたと仮定した数値。p.187表1のデータをもとに、各店の昆布と節の使用量で計算した。調理熱量は考慮していない。『木山』は仮にカツオ節のみ使用として計算した。
＊うま味強度計算値は、うま味強度を表すための計算式で計算した（小数点以下四捨五入）。

図1：使用している材料から算出した、だし1000mℓ中のグルタミン酸とイノシン酸、調理熱量の関係
（実際のだしに含まれるグルタミン酸とイノシン酸の量ではない）

赤色が濃いほど調理熱量が大きい
熱量＝加熱温度×時間（分）

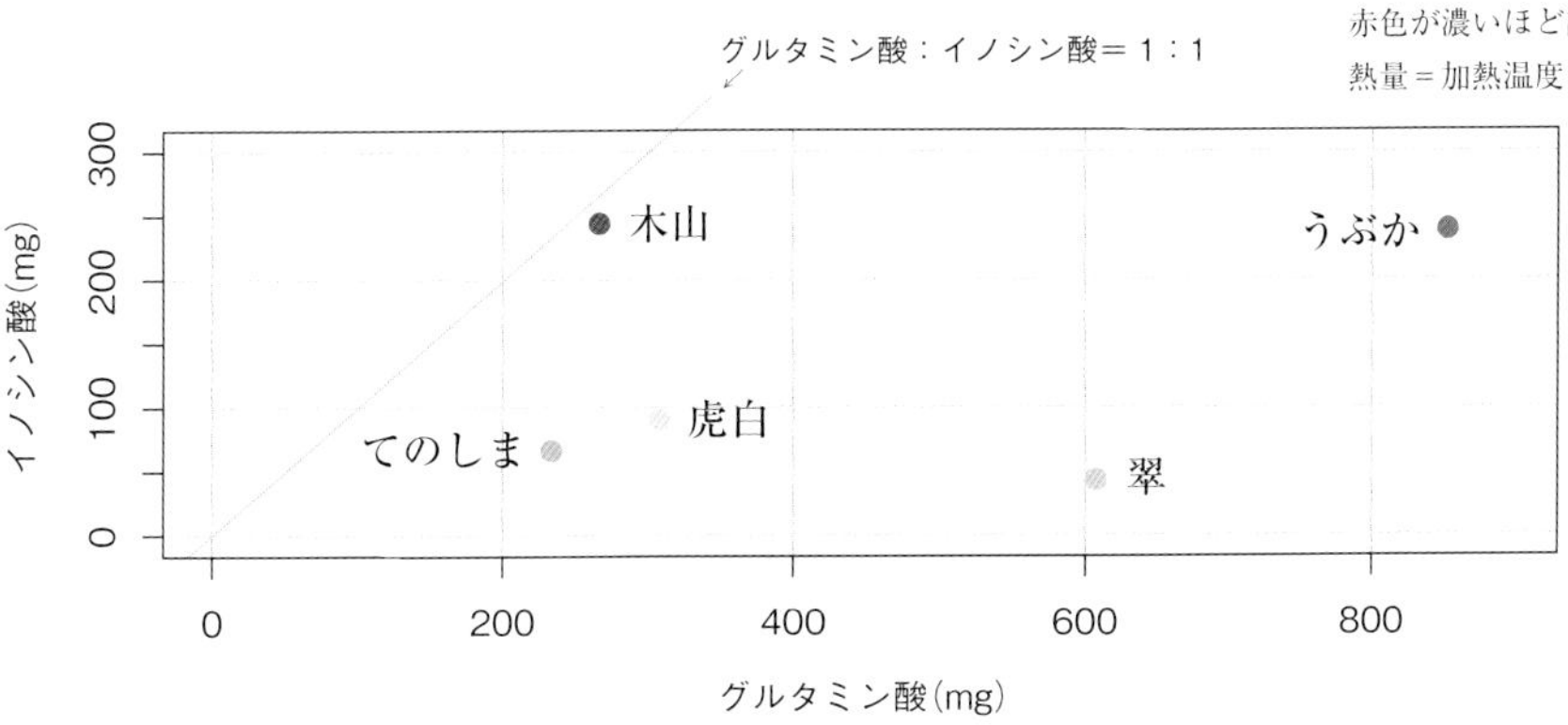

図3：うま味強度計算値
（使用している材料の、グルタミン酸とイノシン酸の濃度から算出した、計算上のうま味強度）

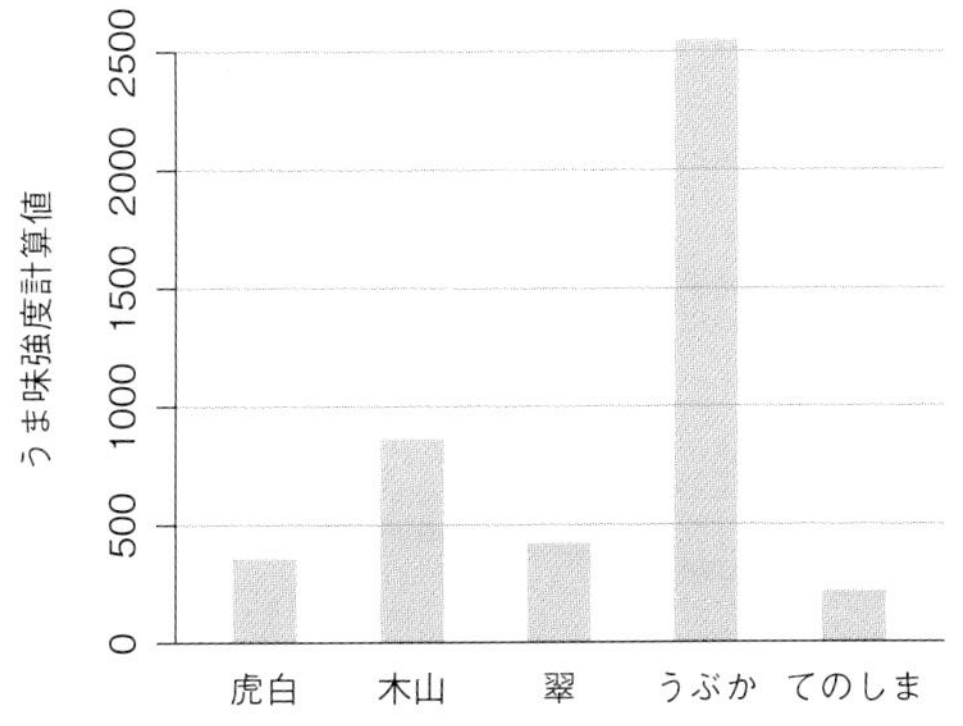

図2：昆布と節類の使用量（g／水1000mℓ）、調理熱量の関係

赤色が濃いほど調理熱量が大きい
熱量＝加熱温度×時間（分）

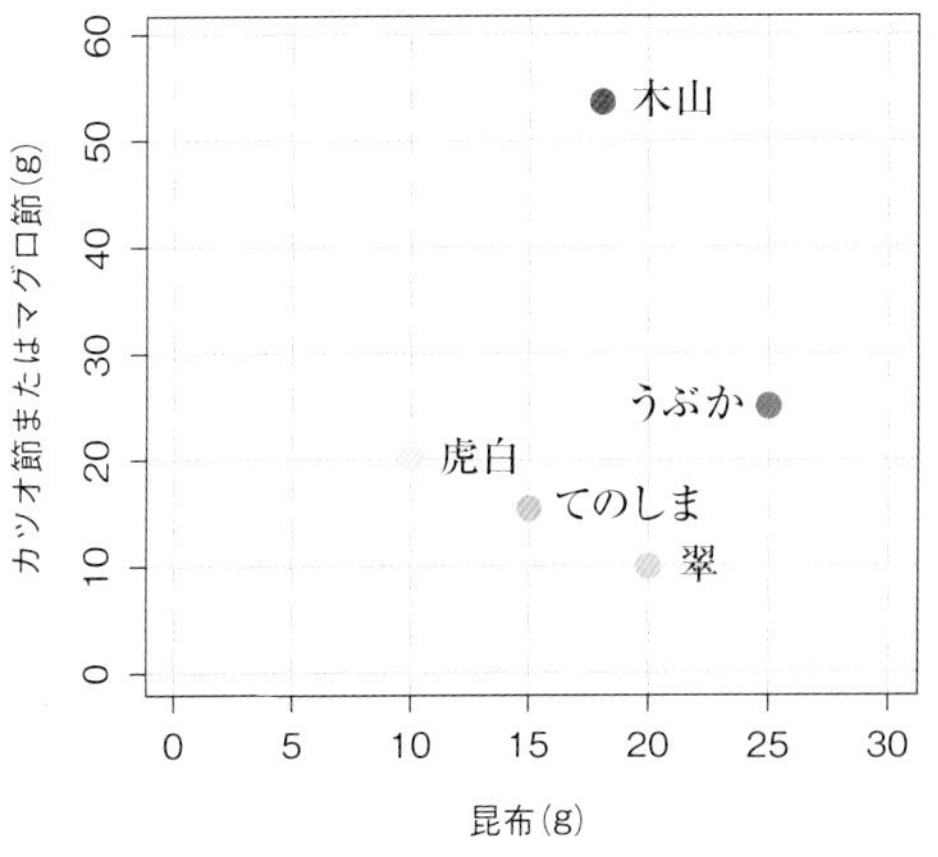

「だし」のサイエンスとデザイン

川崎寛也

世界で注目を集めている日本料理の根幹ともいうべき「だし」。ここでは、だしを広く捉え、そもそも「だしとは何か」、そして「なぜだしが大事なのか」、最後に「だしをどのように作り、使うか」を述べることにする。また、料理を考えるうえで、調理技術のみを議論するだけでは、個々の技術の違いを述べるにとどまることが多い。その本質を理解するためには、「調理技術」とそれによって得られる変化としての「風味成分と食品の構造」、更にそれを感じる「感覚」のサイエンスを理解することで、自由自在に料理がデザインできる。そこで、「だし」についても、同様の概念で考えてみたい。

What：だしとは何か

調理

「だし」は「出汁」とも書くように、抽出液には違いない。しかしそれは、日本料理のだしが世界的に見て特殊な作り方をしているからである。日本料理のだしを理解するために、まず他ジャンルのだしとの比較をしてみよう（図4）。

フランス料理では生の肉や野菜・ハーブを使って抽出しながら加熱濃縮していくが、その過程でメイラード反応と脂質酸化反応が起こる。焼いてメイラード反応を起こした材料で作る場合もある。中国料理のだしの作り方は、丸鶏や豚を使って抽出しながら加熱濃縮するのに加えて、干した貝柱や熟成発酵させた生ハム（金華ハム）も

図4：西洋料理・中国料理のだしと日本料理のだしの違い

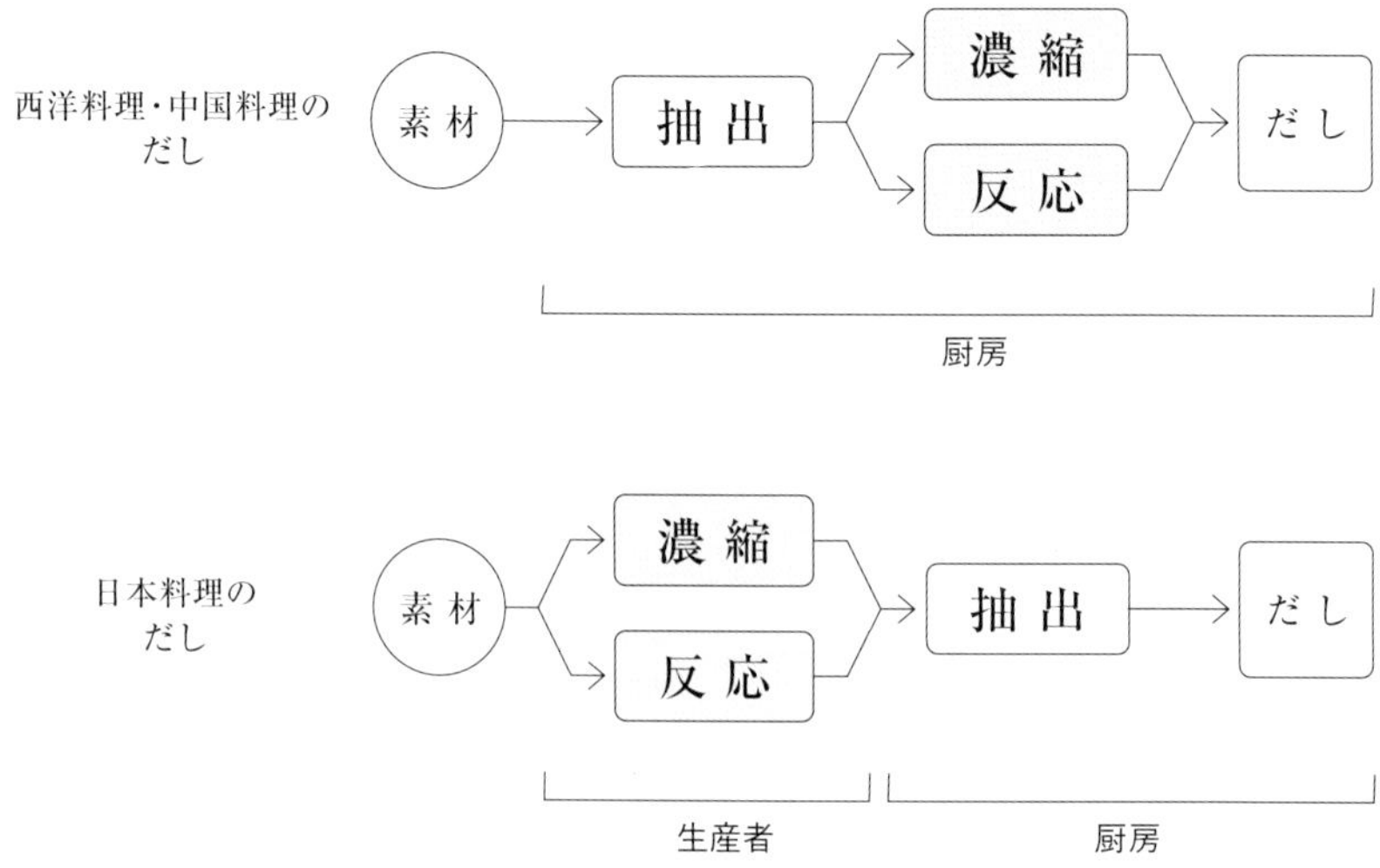

使う。干した貝柱や金華ハムは、生産者によってすでに濃縮されている素材であると考えることができる。

一方、日本料理のだしは、主となる素材の生産者が、煮たり乾燥させたりしてだし素材の水分を除き、うま味成分を濃縮している。加熱や熟成によるメイラード反応で香り成分も作られ、更にカツオ節の場合は燻製もされる。日本料理が「出汁」として「抽出」工程のみに言及するのは、「だし素材」が乾燥によってすでに「濃縮」され、メイラード反応や脂質酸化などの「化学反応」が終わったものを使用するため、厨房では「抽出」しか行わないからであろう。つまり、日本料理のだしとフランス料理や中国料理のだしでは、うま味成分やメイラード反応の香りという欲しいものは似ているが、素材とプロセスの順序が違うと考えることができる。

成分と構造

味成分と香り成分

成分から考えると、日本料理の一番だしに使われる乾燥した昆布には、グルタミン酸が特異的に多く含まれている。カツオ節には、イノシン酸とメイラード反応の香りと、燻製の香り成分が含まれ、一番だしは、これらが水に溶けたものであるといえる。煙の成分が入るというのが、日本のだしの特殊性である。グルタミン酸とイノシン酸は、ともに「うま味成分」であり、口に含むと、「うま味」という感覚を感じる。

味成分は水に溶けるものが多く、香り成分は油に溶けるものが多い。昆布を水出ししてもだしがとれるのは、うま味成分であるグルタミン酸が水溶性だからである。また、興味深いことに、メイラード反応の香り成分と燻製の香り成分は、水に溶けるものも多いため、だしに香り成分が溶け込むという状態が可能となっている。

カツオ節の香りで重要なのは、香ばしい香りと燻製の香りである。香ばしい香りはメイラード反応によってできる。メイラード反応は、アミノ酸と糖との化学反応で、肉などを焼いたときに褐色の焼き色や香りを作るのは、この反応である。多くの食べ物で使われており、たとえばコーヒーやチョコレート、ステーキ、味噌などの香ばしい香り成分も、この反応により作られる。カツオ節を作るときにも、加熱されるためにメイラード反応は起こっている。燻製の香りは、カツオ節を作る工程で燻されたときについた香り成分である。また、乾燥させた昆布を何年か保存して熟成させると、昆布臭さがなくなり、メイラード反応が起こって香ばしくなることもわかっている。

ブイヨンなどの場合は、だいたい60℃を超えたら素材の筋肉が収縮して成分が出るため、水の中にうま味成分、アミノ酸が溶けていく。更に100℃で4時間ほど加熱するとメイラード反応が起こる。メイラード反応は、126℃以上で促進されるが、100℃でも4時間かければ起こる。一般的に化学反応は、温度が高く物質の濃度が高いほど起こりやすい。ブイヨンをとるとき、加熱を開始すると生の素材からさまざまな物質が溶け出すが、ほとんどの物質は1時間ほどで抽出される。しかし、加熱初期は水が多いので物質の濃度が低く、100℃程度の温度ではメイラード反応が起こりにくい。その後数時間かけて濃縮されて物質の濃度が高まるために、100℃でもゆっくりとメイラード反応が起こるのである。

日本料理のだしには積極的に使われないが、フランス料理や中国料理のだしの重要な香り成分に、脂質酸化物と硫黄化合物がある。脂質酸化物は、鶏などからだしをとるときに出てくる油脂が、だしの表面に浮いてくることによって、加熱されながら空気に触れ、酸化されることで生成する。脂質酸化物は多いと脂臭いが、適度に含まれることで、おいしさに貢献する。硫黄化合物とは、ネギやニンニクなどに含まれる成分で、フランス料理のだしではポワロネギや玉ネギ、中国料理では長ネギが使われる。これらは肉の臭み消しとして使われているが、加熱反応において、メイラード反応に硫黄化合物が入ることで、より肉らしい風味が強まるといわれている。

成分から考えると、水とうま味成分、メイラード反応生成物が共通にあり、そこに脂質酸化物や硫黄化合物が入ったものがフランス料理や中国料理のだしであり、燻製成分が入ったものが日本料理のだしであるといえる。

感覚

味覚

そもそも味覚というのは何のために存在するのか。我々の味覚は栄養素を感知したり有害物を拒否したりするために与えられたものである。三大栄養素として「炭水化物」と「たんぱく質」と「脂肪」が、微量栄養元素としてビタミンとミネラルが必要とされている。

したがって、五基本味のうち、必要な栄養素のシグナルである甘味、うま味、塩味は生まれながらに好まれる。甘味は炭水化物が、塩味はミネラルが、うま味は、その食品に「たんぱく質が含まれる」というシグナルとして脳に認識される。たんぱく質を分解したものがアミノ酸で、アミノ酸の存在を感じるのがうま味である。対して、酸味、苦味は生まれながらに嫌われる味である。酸味は腐敗、苦味は毒物のシグナルとされるからである。

図5：味覚情報と嗅覚情報の伝わり方

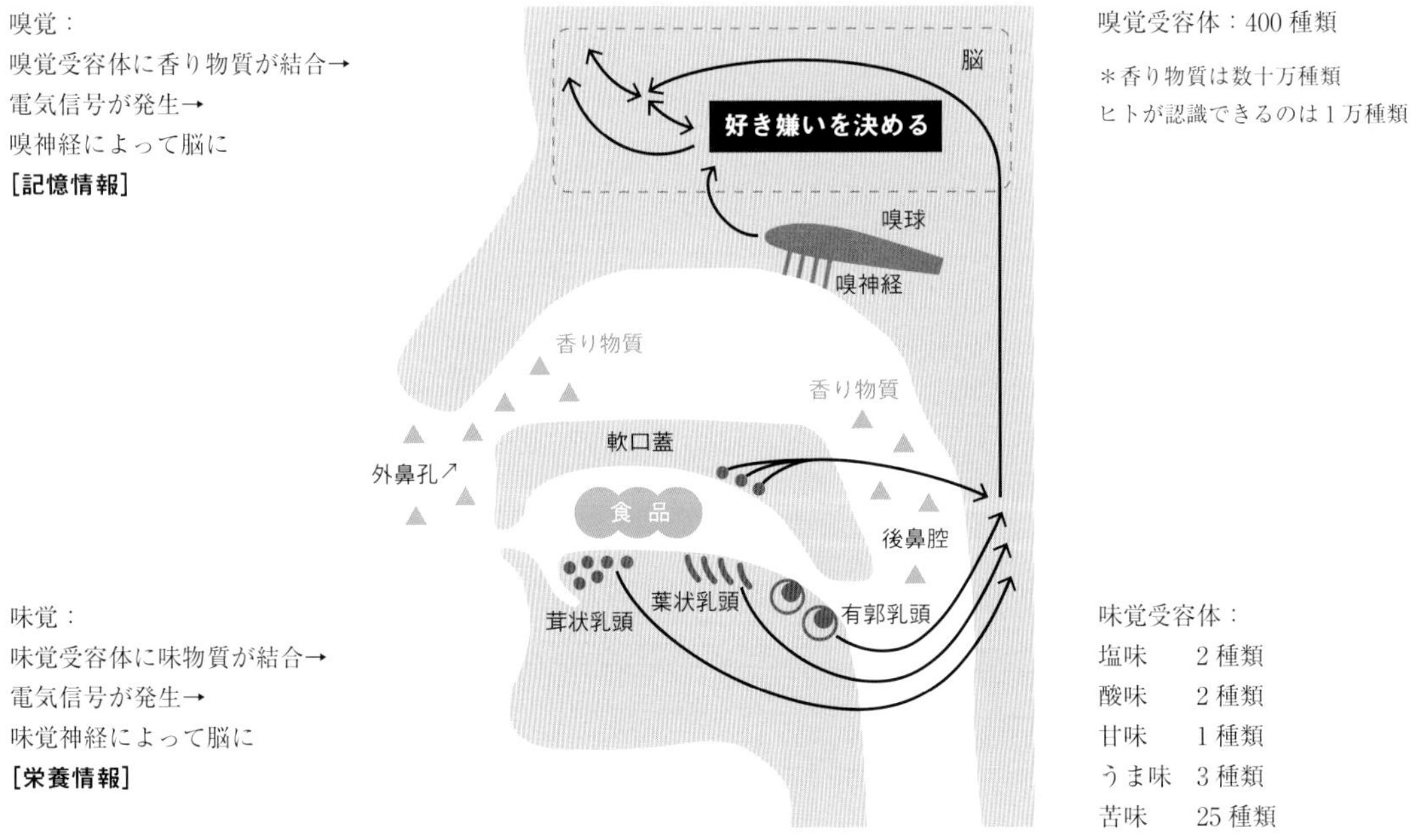

このように、舌にある味覚の受容体には栄養素を感知する役割があり、味覚受容体が感知しないと、その食品を食べようと思えない。しかし、たんぱく質は分子の大きさが大きすぎて、我々の味覚の受容体にくっつくことができない。そこで、たんぱく質の構成要素であるアミノ酸を感知することで、その代わりにしているのである。五基本味すべてに受容体が見つかっているが、最近、脂肪に関しても舌に受容体が見つかってきている。ただ、受容体があるからといって脂肪が味覚で感知されるとはいえないので、これからの議論が待たれる。

味覚受容体は、舌の表面にある味細胞にあるが、味細胞は舌の前のほう（茸状《じじょう》乳頭）と横（葉状《ようじょう》乳頭）、上顎のやわらかいところ、そして喉の奥（有郭《ゆうかく》乳頭）にある。したがって、味わうときは、舌全体と上顎、飲み込んだ後の味まで意識することで、その食べ物全体の味わいを把握することができる。味覚受容体で感知された味の情報は、味覚神経によって脳に伝わり、味の情報が知覚された後、その味が何か？が記憶情報をもとに認知される（192頁図5）。

うま味の相乗効果

カツオ節に含まれるイノシン酸という核酸の一種は、近年の研究で、グルタミン酸が味覚受容体にくっつくのを補助することがわかってきた。それによって、イノシン酸をグルタミン酸と同時に味わうと、うま味を強く、長く感じるのである。これを「うま味の相乗効果」という。うま味の相乗効果は、グルタミン酸とイノシン酸だけでなく、グルタミン酸と、干しシイタケなどに含まれるグアニル酸といううま味物質でも起こることがわかっている。

また、うま味の相乗効果はうま味を強く感じさせるため、グルタ

図6：同じうま味強度のグルタミン酸＋イノシン酸は、
グルタミン酸のみより、うま味の後味が短かった

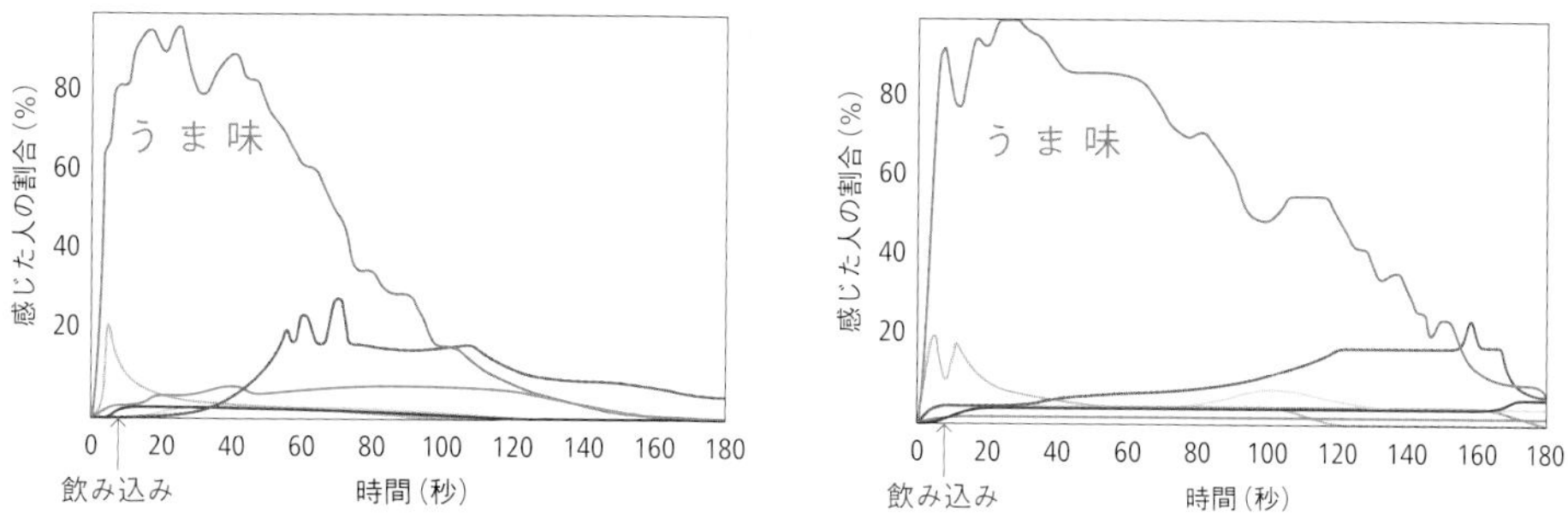

0.02％グルタミン酸
＋
0.01％イノシン酸

（右図の0.34％グルタミン酸と、
うま味強度が同じになるように作った水溶液）

＊うま味相乗効果の予測式で算出（Yamaguchi, 1967）

0.34％グルタミン酸

うま味の強さは同じ

Kawasaki et al. 2016

＊感じた人の割合：たとえば10人中6人が感じた場合、60%になる。
＊他の色の線はうま味以外の味を示すが、ここでは説明を省いた。

ミン酸だけでうま味を強くするよりも、イノシン酸と合わせることで、グルタミン酸とイノシン酸の濃度が低くても、うま味を強く感じさせることができる。それを利用し、うま味の強さが同じであれば、グルタミン酸単体よりもグルタミン酸とイノシン酸の相乗効果によるうま味のほうが、うま味の後味が短い、つまり「キレのよいうま味」の感じ方をさせられることが実験でわかった（193頁図6）。日本料理では、料理の後味のキレのよさは重要であるので、昆布だしだけだとしつこくなるところを、昆布とカツオ節による一番だしのうま味が、後味のキレのよさのために使われてきたのかもしれない。

うま味の相乗効果は、だしに含まれるうま味成分だけに起こるのではない。うま味の相乗効果は、口の中でグルタミン酸とイノシン酸やグアニル酸が同時に存在すれば、相乗的にうま味を強く感じるという現象なので、一品の料理で考えるべきである。たとえば煮物椀の椀だねをイノシン酸が豊富な鱧にした場合、昆布主体のだしで仕立てた吸い地であっても、椀だねからのイノシン酸が溶け出していくため、しだいにうま味を強く感じさせることができるのである。

嗅覚

味覚の項でも述べたように、人間には先天的に、うま味や甘味を好むといった味の嗜好がある。これに対し、匂いは、味との連合学習で好き嫌いが決まる。生まれながらに、匂いの好き嫌いは決まっていないのである。連合学習は羊水に浸かっているときから始まるといわれている。それが記憶情報として赤ちゃんの脳に蓄積されていく。幼いころの記憶を、大人になってから匂いをきっかけに思い出すことを「プルースト効果」というが、これは食べ物の記憶についてもあてはまる。

図7：嗅覚受容体が9個と仮定したときの、結合する受容体のパターン変化

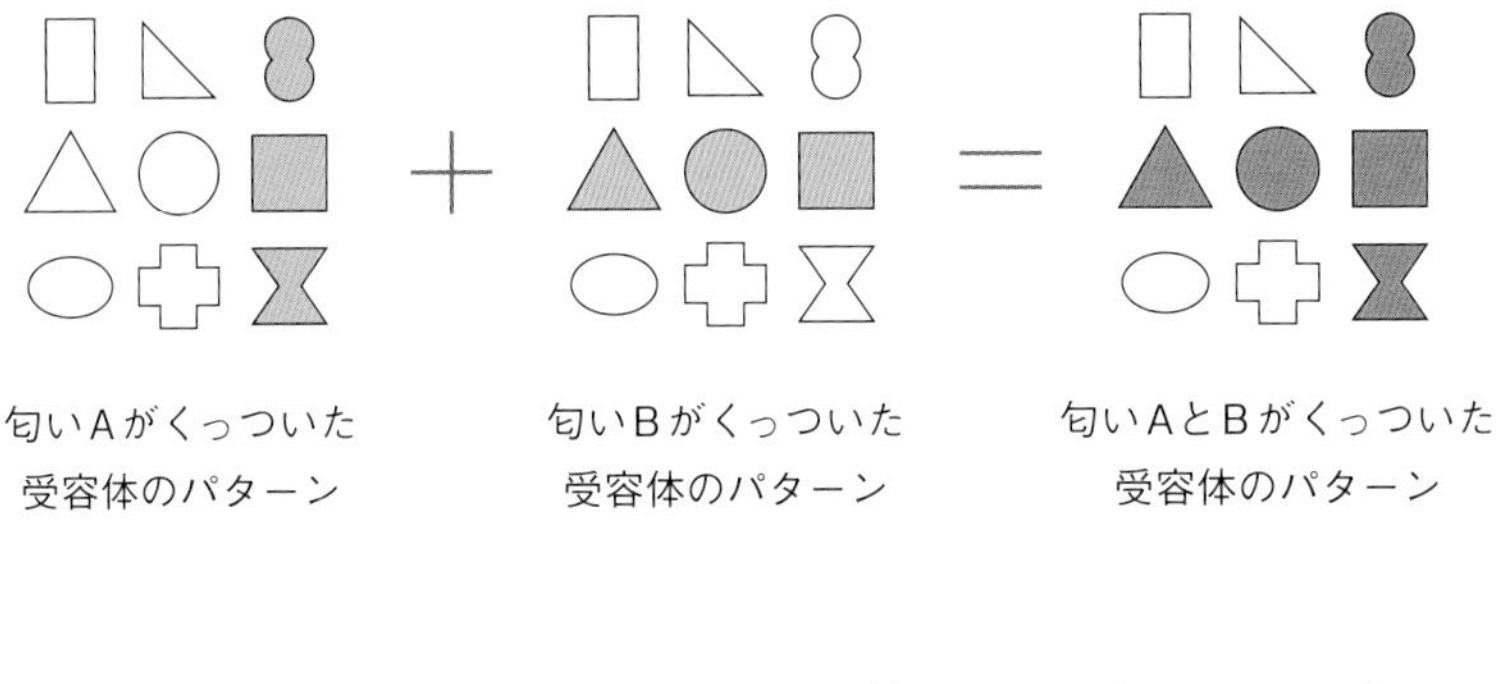

食文化は何によって決まるか。味の好き嫌いは、すでに決まっていて、匂いの好き嫌いは学習や経験によって形成されていくものと考えると、和食の香りを好むということは、幼いころから和食に慣れ親しむことにより、和食で使われる食材の香りを好むようになるということである。

香り（匂い）は世の中に数十万種類あるが、人が認識できるのは1万種類といわれている。しかし嗅覚の受容体は400種類しかない。ここに嗅覚と味覚の大きな違いがある。たとえば、塩味は塩味物質の受容体にくっつく。うま味はうま味物質の受容体にくっつく。しかし、匂いは400種類の受容体で1万種類を分析、解釈できる。それができるのは、匂いがパターン認識であるからである。

たとえば、匂いAがくっつく受容体は1つではなく複数あり、匂いBがまた違う受容体に

くっつくとすると、匂いAと匂いBを同時にかいだとき、匂いAと匂いBが合わさったパターンになるので、違うパターンとして認識される場合がある。そのため、少ない受容体でも多種類の匂いを感じることができるのである（194頁図7）。匂いは組み合わさると違う匂いになることがあるが、受容体の応答パターンから考えると納得できるだろう。それが料理の中でスパイスやハーブを使う理由の1つでもある。たとえば椀物の吸口にへぎユズを使うと、単に一番だしの香りとユズの香りを別々に感じるのではなく、合わさった独特の香りとして認識するような場合がそれである。

嗅覚受容体は嗅神経の先にあり、鼻の前からくる香り成分と鼻の後ろからくる物質（香り成分）が同じところにくっつく（192頁図5）。

鼻の前（外鼻孔）から入ってくる香気を前鼻腔香気という。対して、ワインを飲んだり食べ物を食べたときに、鼻から抜いたときの嗅覚（喉の奥〈後鼻腔〉を通って鼻に抜けたときに感じる匂い）、つまり後ろからくる匂いを後鼻腔香気という。風味とは味＋後鼻腔香気である。

Why：なぜ、だしが重要か

日本料理では「だし」で野菜を炊いたり、うどんなどの炭水化物を「だし」で食べることをしてきた。この場合、舌では、うま味（つまりたんぱく質のシグナル）を感じるが、体の中に入ってくるのは野菜、炭水化物である。これを「うま味パラドックス」と呼んでいる。舌でうま味がすると、脳は「たんぱく質があるから摂取しなさい」と命令を与える。ところが体に入ってくるのは野菜、炭水化物だったりする。しかし、体に入ってしまえば、たんぱく質だろうが炭水化物だろうが、分解して、変換して、グリコーゲンという貯蓄物質になるので大きな意味では、体にとっては問題ない。脳を勘違いさせて、「たんぱく質のシグナルであるうま味で、炭水化物というエネルギーや野菜という体にいいものを摂取させようとする」。これがだしのうま味の重要な使い方ではないだろうか。

肉の場合は必ず脂がある。日本料理は脂をできるだけ除去したかったために、うま味を徹底的に活用したのではないだろうか。それが「うま味パラドックス」が成立した理由ではないかと思う。

更に、最近はフランス料理などでも、油脂をどんどん減らしていこうという考え方になっている。しかしそうすると、香り成分は油脂に溶けるものが多いため、油脂を減らすと香り自体も減っていく。その対策として、ハーブをたくさん使ったり、ソースというより、だしのようなもので食べさせる店が増えている。これは世界的な料理の潮流になっていくと思われる。

だしには、大きな2つの役割があると考える。1つ目は「おいしさの担保」である。料理の本質がわかっている人であれば、うま味の出る素材をうまく使いながら、料理をおいしくすることができるから、だしなしでも料理はできるが、そうでなければ、だしはおいしさの担保になる。2つ目は「おいしさの形を変える」ということである。だしは液体であることによって、たとえば野菜をすり流しなどに仕立て、そのおいしさを味わわせることができる。

How：どう作るのか。どう使うのか

どう作るか

昆布だしの抽出条件とグルタミン酸濃度の研究において、①30℃、②60℃、③80℃、④30℃を途中から60℃に上げる、という4つの温度条件で、60分ずつ加熱した実験がある。その結果、60℃で60分抽

出した昆布だしがもっともグルタミン酸が多くなった。したがって、昆布だしについては、60℃で60分加熱することで効率よくグルタミン酸が抽出されると考えてよいが、自店の昆布や風味の好みによって調整するとよい。

水の硬度との関係については、明確な結論が出ていない。ただ、硬度0の、つまりミネラルをとり除いた蒸留水ではアミノ酸は抽出されやすいが、昆布の組織が崩れやすく、だしには向いていないと考えられる。

今までのだしではなく、新しいだしをデザインする場合、何から、何に、どうやって味成分と香り成分を移すか、と考えて、その組み合わせをいろいろ試してみるとよい。たとえば昆布を水に入れて、あえて100℃で1時間加熱してみたり、昆布を砕いてエスプレッソマシンに入れ、数秒で非常に濃厚なだしをとってみたりもできる。

新しいだしをデザインしようとするときに、だしは水に素材の味成分、香り成分が移ったものと考えると、うま味成分の多い食材の中から、新たなだし素材を探すことも考えられる。NPO法人「うま味インフォメーションセンター」の作ったデータベース「うま味データベース」で、食材に含まれるうま味成分の検索ができるため、素材は効率よく探せるだろう。

どう使うか

うま味の使い方を整理する(図8)。

まずは食材の「うま味成分の濃度を高める」。それを、必要に応じて「形を変え」て何かに「移す」。そして「組み合わせる」。

うま味成分の濃度を高めるためには、2つ方法がある。まずは「濃縮する」。もともとうま味成分があるものであれば濃縮すればいいので、加熱したり、乾燥させたりして濃縮する。もう1つは発酵である。

図8：うま味の使い方

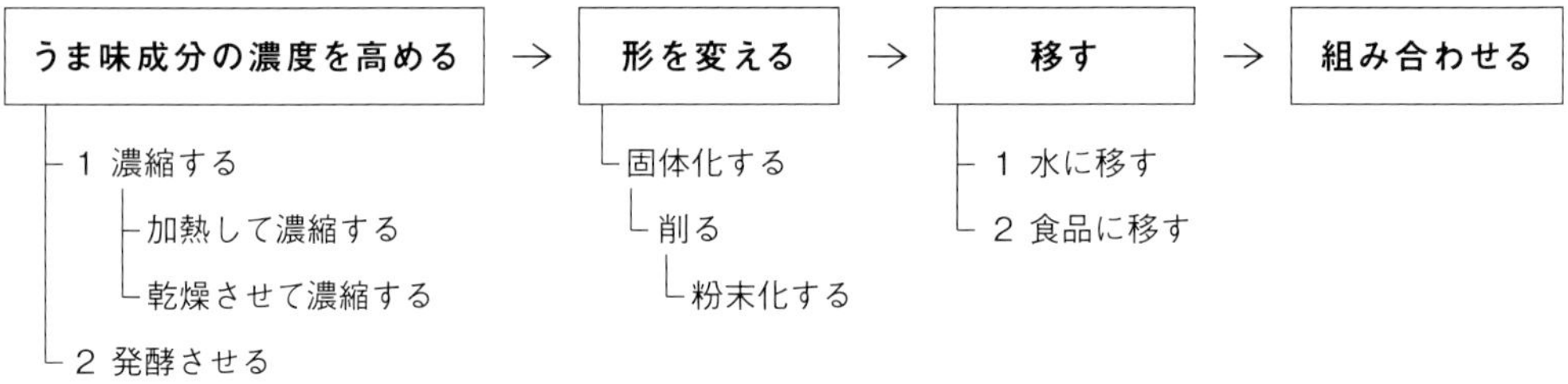

「発酵」では、たんぱく質が多い食材の場合、たんぱく質を発酵で分解してアミノ酸にすることで、うま味成分の濃度は高まる。

必要に応じて「形を変える」のは、目的によって異なるが、たとえば固体化すれば、それを削ったり、粉末にすることで、一瞬でうま味を抽出することができる。

「移す」のは、水に移すのか、食品に移すのかを考えるとよい。たとえば昆布じめは昆布からうま味成分を食材に移すという方法である。「組み合わせる」は、新たな素材の組み合わせを考える、ということである。

これをたとえば、ドライトマトとドライモリーユ茸の新しい「だし」にあてはめてみると、「乾燥させて濃縮する」「水に移す」「組み合わせる（ドライトマトとドライモリーユ茸を）」という考え方である。以上のように、うま味の使い方を整理しておくと、発想が広がると思う。

だしの使い方

　だしにおいては、「うま味成分の転移」、つまり、うま味成分が素材から素材へ移っていく、という発想が重要である。象徴的なのは「お浸し」で、カツオ節や昆布に入っているうま味成分が水に移り、だしと呼ばれ、それを野菜に移したものがお浸しという料理であると捉えられる。うま味成分の転移が、だしの使い方の本質だといえる。

　また、素材をそのまま食べる以上の感動をお客様に与えたい場合、素材を超えさせる必要があるが、ここでもだしは重要な役割を果たす。これまで使われてこなかったような素材でも、特徴的な香りなどがあれば、「だし」のうま味を加えることによって、立派な一皿にできるかもしれない。たとえば、苦いが香りが特徴的な素材の苦味を、うま味でおさえて適度な苦味にし、「ほろ苦い」と感じさせておいしい料理にすることもできる。このように、これまで使われてこなかった素材や部位を活かすことができる。これが、「だしが素材を超えさせる」という概念である。

　更に、素材のおいしさを高めるという意味では、「同質だし」もおもしろい。日本料理では、昆布とカツオ節のだしをカツオの料理に使うというような「同質だし」の発想はあまりないが、だしの原点的な使い方である。たとえばフランス料理では、アスパラガスの皮でとっただしでアスパラガスを加熱することで、アスパラガスを「もっとアスパラガス風味」にするというような、同質だしによって、素材の風味を更に高めるという発想がある。

料理人が料理を通して表現してきたこと

　料理人は料理のおいしさをデザインしている。おいしさをデザインするためには、調理技術だけではなく、調理によって食材がどのような成分や構造に変化するかを理解し、お客様の口の中でどのような感覚を生じさせるかを理解する必要がある。そのためには、科学的な考え方をすることが重要になる。科学が得意なのは、単に化学物質やテクノロジーを使う、ということではなく、ものごとの本質的な仕組みを明らかにすることである。おいしさをデザインするのに必要な知識と考え方が、伝統的な調理技術を科学的に理解することに応用できる。更に科学は、効率的に料理を学んだり、無駄な作業を減らすことで、時間を作り出すことができる。その時間は、料理人にとって、新しい料理を考える創造的な時間になるだろう。

　料理人が料理を通して表現してきたことを考えると、昔は歴史や食文化だったと思われる。かつての料理人には、フランスにフランス料理を学びに行き、フランスのものをそのまま持ち帰りたいというモチベーションがあった。それがしだいに「食材」に興味が移り、次に「自然」というものを表現することがトレンドになった。最近は更に発展し、「サステナビリティ（持続可能性）」が大きなテーマになっている。これらの料理人の創造性を料理に活かすためにも、科学的に料理を考えることが重要だろう。それが、料理の表現が進化していくことにつながると思われる。

　今まで食べられてこなかった食材をどう活かしていくかを考えたとき、サステナビリティの表現にも「だし」の役割が大きいと思う。先述した、「だしが素材を超えさせる」という概念で、サステナブルな素材の味や風味の課題を解決することで、新たに商品になる料理ができるかもしれない。何が問題なのか？を科学的に考えることで、素材をそのまま食べる以上の感動を、お客様に与えることも可能になる。

対談

川崎寛也：味の素株式会社食品研究所上席研究員
林　亮平：『てのしま』店主

……　では、189頁でもご紹介した図表をご覧いただきながら、お二人に「だし」について、さまざまなお話をうかがいたいと思います。

川崎　まず、この資料（189頁表2「グラフ作成に使用したデータ」）について説明させていただきます。

これは、実際に各店のだしの成分分析をしたわけではないという前提があります。そして、同じ昆布や節といっても、年によっても地域によっても違うでしょうから、この数字が完璧でもない。でも、そのお店で使われている昆布や節がどういうものかという情報があれば、それを使って自分で計算ができ、何らかの目安になるのではないかと考えます。

ただ、僕はこういう概念は大事だと思うんです。普通は、研究者でもなかったら、分析に出すということもできないので、であれば、なんらかの指標をもってきて、計算で出せることのほうが大事かなと。

……　このデータやグラフは、どのように見ればいいのでしょうか？

川崎　もとにしたデータは、このような（187頁表1）昆布100gあたりのグルタミン酸の量や、節類のイノシン酸の量です。だしのレシピがある場合は、水１０００㎖あたりにそれぞれ何g使われるかという情報から、当然計算ができるので、それぞれのだしに含まれるであろうグルタミン酸とイノシン酸の量がわかる。ただしこういう分析は、含まれているのをもし全部出したら、という前提なので、全部出したらこれだけのグルタミン酸とこれだけのイノシン酸が出るということです。実際の料理の場合は、とり方によって出方が変わります。

温度が高ければ出やすいし、時間を長くかけるほど出やすい。参考のために熱量を記したのはそのためです。またこの2つの成分は水に溶けるので、水に長く浸けておいても当然出ます。

「うま味強度計算値」というのがおもしろくて。昔の味の素の研究者が、グルタミン酸とイノシン酸の濃度から、計算上のうま味の強さを出す式を作っていて、科学的な論文も公開されているんですが、その計算式で出しています。

189頁の図1〜3が、これらのデータをもとにグラフ化したものです。図1は、横軸がグルタミン酸の量、縦軸がイノシン酸の量になります。軸をだいたい合わせているので、横が長くなっています。点の色は、昆布だしを加熱したときの温度と時間から仮に計算した熱量を表します。赤色が濃いほど熱量が大きい。

見てわかるように、やっぱりイノシン酸が多いという人はいないでしょ?。日本料理店のだしは、昆布が多いということです。これがたとえば、東京の一般的な蕎麦屋さんのだしなら、このグラフの左側のほうに点がくるはずです。東京の蕎麦屋さんはだしをカツオ節だけでとって、そこに醤油を合わせた、ごく少量のそばつゆで食べさせる。東京では昔いい昆布が手に入りづらかったということもあって、醤油のグルタミン酸と合わせたんです。やはり相乗効果は使っているんだけど、その方法が違うわけです。

図2は、昆布とカツオ節の使用量のグラフで、点の色は図1と同じ熱量です。図3はそれぞれのお店のだしの計算上のうま味強度を、棒グラフにしたものです。

……

グルタミン酸とイノシン酸の量が1：1のときに、相乗効果によって、もっともうま味を強く感じるといいます。1：1にすればいいということでしょうか?

川崎　単純に、そういうことでもないんです。

確かに1：1のときに、もっともうま味を強く感じるんですが、うま味を強く感じる比率の範囲は、ある程度の幅があるんです。そして濃度によってもその比率は変わります。なので、厳密に「グルタミン酸とイノシン酸の割合を1：1にしよう」というのはあまり意味がない。

それと、実は1：1っていうのは、成分レベルの実験であって、コスト的には悪いんです。イノシン酸のほうがコストは高い。昆布とカツオ節をくらべても、重量あたりにしたら、カツオ節のほうが価格が高いでしょ？。なので、ここの1：1に近づくというのは、うま味は強いかもしれないけれど、コストはとても高い、だしが高くついているということです。お店をやっている以上、当然いかにコストを下げていきつつ、相乗効果をうまく使って、うま味を上げていけるかが重要になってくるので、実際には難しいはずです。

林　これは、呪縛を解くカギになるんじゃないでしょうか。なぜかというと、みなさん、修業先の店の昆布と節の量を、間違いなくベースにしているはずなんです。修業先の店にあった割合や感覚的なものをずっと踏襲している。いざ自分の店をやるとなったときに、そこまで検証する時間もないし、それまで積み上げてきたものを信じてそのままやられると思うんで。

でもこれらのデータを本当に理解できたら、さまざまなだしを、修業先に頼ることなく、表現できていくと思うんです。

川崎　フレーバーも、昆布は真昆布、利尻、羅臼があるし、カツオ節もマグロ節もそれぞれ違うから、ここに情報をどんどんのせていけるんですね。イノシン酸やグルタミン酸の量だけでなく。そうするとグラフは立体になるんです。平面じゃなくてね。

……　『てのしま』のだしについては、いかがでしょうか？

林　僕はいちからやりたかったので、店をはじめるときに、いろいろな昆布とカツオ節をひと通り試したんです。それで今のだしになっている。だから修業先とは、また方向性が違うと思います。

川崎　『てのしま』のだしは、『翠』とくらべてうま味強度がちょっと低いだけなんだけど、昆布の量が少ない。相乗効果の観点からすると、『てのしま』は相乗効果を使ってうま味を強くしているということが、考えられる。ということがわかりますね。

林　確かに、相乗効果を使って昆布もカツオ節も極力減らしてみようと思ったんです。

もちろん大事なのはお客さんに満足していただけることで、僕にとってのおいしいだし、ちゃんといいだしといえるだしがとりたいんです。でもコストをおさえて。大事なのはお客さんの満足とコストのバランスです。そして、下げたぶんを従業員の賃金にのせたいんです。それは業界のためでもあるし。

川崎　昔とくらべたら、昆布もカツオ節も価格が上がっているから。当然そのへん考えていかないとね。

林　それと、何も考えずにおいしいものをという時代でもない。だから、有限なものをどうやって有効利用するか、という話でもあると思うんです。

で、カツオ節をどんどん減らしていった結果この量になっている。それは計算してやっているんですが、昆布はちょっと不安なんで、ここで止めてるんです。

川崎　昆布の影響は大きいですよ。

林　そうなんです。わかったことは、昆布に頼るしかないということなんです(笑)。

昆布の種類は、これは好みですね。真昆布も羅臼もあらためて全部試したんですが、僕はずっと利尻昆布で育ってきたんで、それをどうしてもおいしいと思ってしまいますね。羅臼も真昆布も、うま味がすごかったんですよ。うわ、こんなに出んの？という感じで、びっくりしたんです。

川崎　倍以上やもんね。

林　うま味がここまで強いと、これでバランスがとれるかって、ちょっと怖かったんですよ。でも、これを見てまたチャレンジしてみようかなと。

川崎　分量を半分にしてね。
うま味って、強ければいいというものでもないんです。そもそもうま味っていうのは、舌への影響としては、やはり、いろんなものを丸め込んでしまう。まろやかにして、フレーバーをある意味で活かすっていえば活かすんだけれども、とんがりをなくすんですね。

林　ちょっとマスキングをするようなイメージはありますよね。

川崎　そうそう。スパイス料理にもきいちゃうんで、インドだとちょっと。まろやかなカレーになっちゃって、インド人嫌がるんですけれど(笑)。やっぱり、彼らは、輪郭のあるスパイス風味を食べたいのに、入れると2日目のカレーみたいになっちゃって。日本人はそれが好きなんだけどね。それはもう、グルタミン酸の宿命なんですね。
ヨーロッパのだしっていうのは、いろんな肉からとるんです。グルタミン酸というのは、多くのアミノ酸のうちの1つでしかないんだけど、ヨーロッパなどのだしは、いろんなアミノ酸の集合体としてのうま味だから、そんなに明確なうま味を感じられないんですね。複雑な味という感じで。だから彼らに、うま味を理解させるのが難しかった。今も難しい。

……日本料理のだし全体については、何か思われることはありますか？

林　日本料理というのは、こうでなければいけない、こうしなければいけないという呪縛なんです。そこからいかに離れていくかということが、多分独立して自分の料理を作っていくことにつながると思うんですけれど、それがなかなか解けないんですよ。あまりに呪縛が強すぎて。でもこういうこと(科学的なデータや分析)がわかると、それを解くきっかけになるんじゃないかと思うんです。

川崎　呪縛っていうか(笑)、決めごとがありすぎるんでしょうね。おいしい料理を作るための条件がいっぱいありすぎる。それが全部同じくらい重要だと思ってしまうんですよ。でも、本質ってどこにあるかというと、それぞれあって、だしだと味と香りであるし。でももちろん細かいことをいったら、とろみだとか食感もあるよと。多くの人は、それを同格に思ってしまうんですね。重要度にもっと、優先順位をつけましょうということなんです。
たとえばだし以外でも、料理によっては、お醤油とミリンだったらどっちが大事？器だったら形と色、どっちが大事？とか、たぶんあるんです。教える側は、それは全部大事だというでしょうが、突き詰めていったら、お客さんに伝わるのは、大事なのはこっちかなというのがたぶん出てくる。料理人の価値観もあると思いますが、自分なりの本質をつかんでいく。そういう作業じゃないかと思うんです。新しいことをするって。

林　そうですね。だからこういうのがあると、もっと短時間でたどりつくことができるんですけれど。これをひたすら一人で検証し続けていくのは、地獄ですよ(笑)。

川崎　切り口がわからないからね。

林　そうなんです。どこに踏み出していいかわからない状況で、軸も何もなくて。本当に真っ暗で。こういう指針があれば、もっと相乗効果を使うためにはと考えて、試して、くらべて、わかったとなれば、コスト的にも安く済む。と考えると、こういう科学的な見解って、めちゃくちゃありがたいんですよ。見えてくるし、自信になるし。

……林さんは、いりこだしも積極的に使ってらっしゃいますが。どんなお考えがあるのでしょう?

林　僕、日本料理は昆布とカツオの一神教だと思っているんです。いいとか悪いとかではないんですが、僕はそこから離れたいと思っていたんで、いりこだしにしたろうかなと。そのほうが店としてはインパクトもあるし。そういう制限をもうけることで、また新しいものも出てくるんじゃないかとも考えて。昆布とカツオ以外のだしも考えていいんじゃないかと提案したいがために、というところもあったんです。

でもこれも昆布が入っていますから、僕もまだ昆布から離れられていないんですよ。

川崎　グルタミン酸をこれだけ豊富に含む食材というのが、昆布の他にない。それはしょうがないんです。たまたまそういうのが見つかってしまったから。

昆布ってね、おもしろくて、世界的に見ても北海道のあのへんの昆布がグルタミン酸が多くて、それは、乾燥させている間に作られるわけではないんです。なぜか、あそこらへんの昆布はグルタミン酸をため込むんです。その理由はわかっていない。寒いところで育ってるからとかいうけれど、北欧なんかのもっと寒いところで育っているものもあるんですが、別にそこまで蓄積していないし。

林　うま味自体の量は昆布の種類によるし、それは収穫されたときから変わっていないということですね。

川崎　さっきの、昆布とカツオの一神教という話ですが、それは都市の料理だからだと思います。京都の料理が都市、つまり文明の料理だから。

文化っていうのは多様であることが大事で、文明っていうのは、効率的に1つのものに集約させていくことが大事。だからそう考えたときに、京都という土地に、今でいうフードマイレージは関係なく、北海道から昆布を、南のほうからカツオ節をもってこさせた。それは完全に都市の料理。

もちろん、日本の食文化の中から、日本の京都という都市の料理ができたんだけれども、地方の文化的な料理はそれぞれあるべき、あるはずなんです。けれども、あるときから、京都京都となってしまった。でも、せっかくここまで食文化というものが成熟してきたんだから、もう一回都市から地方に戻るということを、考えてもいいんじゃないでしょうか。

フランスなんかも、やっぱり地方にちゃんと三つ星があったりするわけですよ。彼らもパリに多分修業にいって、方法論を学んで地方に戻っているはずなんです。なぜかというと、技術というのは都市でしか、文明でしか発達しないんですね。それは食材が限られているから。京都だって、そういう限られた中で、おいしいものを作らないと殺されるかもしれないというぐらいのプレッシャーの中で、料理人が頭を使って技術を発達させてきた。その集積が京料理というものの中に残っているんです。林さんは、それをもう一度地方に返す役割を担っているんじゃないかな。

林　はい。僕はいずれ島(香川県・手島)に戻りたいと考えているんです。まさに京都の文明の技術をもってして、郷土料理を再興するというのが、次の時代の日本料理なんじゃないかなと。

そう考えると、やはり地方のだしっていうのはしかるべきで、そういう意味でもいりこを使いたいと思ったんです。まだ、昆布を入れてはいますが、いりこだけでぜんぜんおいしいんですよ。だから、次の段階にいくと、いりこだけになっていると思うんですが、まだその途上です。

……　昆布の代わりになるものはないのでしょうか？

川崎　日本の昆布には、たまたまグルタミン酸だけが突出していっぱい入っていたんですね。北欧のノルディックフードラボのコペンハーゲン大学の先生が、いろんな海藻を分析したんですが、あんなにグルタミン酸が入っているものを、他に見つけられなかったんです。

林　アメリカのジャイアントケルプはどうでしょう？
僕、今とてもそれに興味があって。世界的に見てグルタミン酸のある食材っていうのを、何でだしがひけるかを考えなくちゃいけないと。
やはり昆布がなくなるという危機感があって、それを次の世代に伝えなくてはならないという使命感を勝手にもってやってるつもりなので。そういうふうに考えると、昆布がなくなることを前提として、それを想定した料理があってしかるべきで、それを考えないといけないと思っているんです。

川崎　このままほっといたらなくなるからね、昆布は。

林　確実に採れなくなっているし、従事する人も減っている。将来的には一部の高級店にしかおりなくなるんじゃないかと。昆布だけじゃないですけどね。魚もだし。同年代の料理人には、最近それを考えている人たちが多いですね。
僕今、唐辛子にもすごく興味をもっていて、それには2つの理由があるんです。
唐辛子って、うま味が多いんじゃないかと感覚的に思っていて、また、温度に強い作物だということを考えると、だしと温暖化の2つの観点から考えて、条件をクリアしてるんです。料理は限定されるとは思うんですが、そのだしもおもしろいなと。

川崎　唐辛子も、分析するとグルタミン酸が多いんです。
唐辛子の辛み成分て、水に溶けないでしょ？油に溶ける。
たとえば、大量の唐辛子から水でだしをとって、そこへ油を混ぜて乳化させると、唐辛子の辛み成分が油に移らないかな。その油をなんらかの方法でとり除いたら…唐辛子のだしって、できないかな？うま味成分は油に溶けないから。

林　なるほど…。やってみます。
もうそういうことを考える段階かなと。国内はもちろん、海外に目を向けても。
なおかつ僕は、とりやすい形を考えていきたいと思っているんです。簡略化して。

……　だしについて、他に何かとり組まれていることなどはありますか？

林　最近だしを濃くするということをやっていて。たとえばエビは臭みがあるので、長時間炊くと臭みを感じるようになるから、ある程度うま味が出たら早めに漉して、それを濃縮して使っているんです。

川崎　それは正しい。
以前、中華の丸鶏スープの実験をしたことがあるんです。スープ専門のシェフを呼んできて、3kgの鶏を半割にして、6ℓの水で4時間かけて炊いて、3ℓのだしにするという実験を、条件をいろいろ変えてやったんです。そして30分ごとに、どういう成分が出ているかを調べたら、最初の30分で8割強のアミノ酸が出ていたんです。じゃあ、あとの3時間半何をやっているのかなと分析したら、当然濃縮と、あとはメイラード反応。色を見てたら、3時間半超えたところで、急に茶色くなった。だからアミノ酸は最初にほぼ出てしまっていたんです。

林　僕も鶏だしをとるんですが、メイラード反応のトーンで、日本料理的かどうかというのをなんとなくイメージしていて。濃くしていくほど日本料理から離れていくんです。

川崎　香ばしくなる。

林　すがすがしい感じとか、清らかな感じが、なんとなく日本料理だと思うので。
鶏は丸鶏はやめて、ガラとミンチ少しぐらいでとって、30分ほどで漉す。濃くしたいときは、それを煮詰めていくんです。そうすると、メイラード反応もそんなに起こらなくて、濃度だけ強くなっていく。

川崎　胸肉ともも肉だったら、胸肉のほうがアミノ酸は多いですね。

林　はい。僕も胸とささみしか使わないです。皮もひいちゃって。油脂もいらないなと。魚においても肉においても、とにかく油脂はいらないなと思ってとり除きます。

……　**だしという観点から見て、日本料理とフランス料理の大きな違いは何でしょうか？**

川崎　料理って、まず自然があって、それがお客さんの口に入るまでの間の工程を誰が担うか、というのがあって。日本料理って、世界の料理の中では、料理人がすることが少ないんです。まず、自然があって、自然を農業にする人たちがいて、その作物を加工してと、料理人のところにくるまでの工程を、たくさんの人たちが担っているわけです。フランス料理の場合、調味料でさえ鍋の中で作っていく必要があります。
僕は、この料理全体の工程って、極論すればどの国の料理でもある程度同じだと思っていて、誰が担うかだけのことで。フランス料理は、そこが多いんだと思うんです、割合が。そこを短くするのであれば、外部化することです。たとえばだしをとるところを外部化す

る。あるいは、日本みたいにだしの素みたいなものを作って、料理人がやるのは抽出するところだけといった、日本と似たような形にする。日本料理って、そういう意味では洗練されていて、料理人は味づくり、味のデザインをするところに注力できる。

日本料理におけるだしっていうのは、一度素材を乾燥させて、それから出すから「だし」なわけですが、フランス料理のだしは、出しながら濃縮と反応が起こっている。だから名前も単純な「だし」ではなく役割の名前がついている。ソースの素になるフォンの語源は「基、基礎」。スープの素であるブイヨンは「沸かす、煮る」という意味の言葉がもとになっています。

それらを整理して体系化したのがエスコフィエです。フランス料理はなんでそれが必要だったかというと、ぐちゃぐちゃしていたから。体系化しなければわからなかったんです。でも日本料理の場合は、そもそもが分かれていたんでしょうね。昆布屋さんの昆布、カツオ節屋さんのカツオ節…。調理技術のモジュール化がすでに進んでいた。フランス料理は、作業自体が同時に進んでしまうから、概念上そうやってモジュールを合わせていかなければならないけれど、日本料理はその必要がなかったんでしょうね。

林　僕は、海外で仕事させてもらうときに、すごくそれを感じます。日本料理人は、やることが少ないと。8〜9割終わってますから。それがいいことなのかどうかを最近考えていて。

川崎　そう。それを少し戻してあげる。自分のできる範囲が少なかったら、当然その中でできることも少なくなるんだけど、クリエイティビティをどこまで広げるかでしょうね。たとえばだしなら、だし素材を作る、っていうところまで踏み込めば、カツオと昆布しかなかったのが、違う選択肢ができるわけですよね。

林　僕、今醤油も作ろうと思っていて。島（手島）でも、自分たちで醤油を作っていたわけですよ。それって当然だし。考えたら、僕ら今、醤油に支配されちゃっているんですよ。その醤油蔵さんの味にのっかったうえで料理を作っている。ソースを使っちゃってるわけです。

川崎　料理って、生物の進化に似ているなって思うときがあって。生物って5億年ぐらい前にカンブリア爆発っていうのがあったんです。昔は藻みたいなものばっかりで、それが、単細胞から多細胞生物ができて。その後急に、ぶわっといろんなものが出てきたんですね。それがカンブリア爆発。そのときはDNAが変化しまくっていたんでしょうね。その後環境に合わせて少なくなって、それが我々が残っている今の状態。

料理も似てて、誰かが何かを発明しました、それが一回ばっと広がるときがあるんです。たとえば醤（ジャン）もそうです。中国で誰かが、発酵というものを発見した。当時は、肉を麹で発酵させた肉醤、野菜の醤、穀醤、・・・いろんな醤が出てきた。そのうち、これ臭いし、難しい、使いづらいってキュッとなった。たぶん。だから今ある味噌や醤油って、ほんの一部なんですよ。だから、その前のところに一回戻ることによって、もしかしたら自分だけの表現が見つかるかもしれない。

調味料を自分で作るというのは、フランス料理の人はみんな、毎日やってますよ。でも日本は発酵というものがあるから、事前に作り上げておくことができるというだけのことで。全体で見れば、同じようなことをしている。

日本には、麹菌っていう強力なたんぱく質分解酵素を豊富に含む菌があって、たんぱく質をどんどん分解してアミノ酸ができるから、うま味がするわけですけれど。たまたま大豆っていうのが、たんぱく質がみょうに多かったから残っているわけであって。当然穀醤もいろいろ可能性があるから、いろんな豆でやったらいいんです。

林　そう、だから先端のほうは出きっちゃってるんです。反対側に戻ると、時代をさかのぼると、もっとすごい可能性があって、僕はこっちがぜったいおもしろいなと。

川崎　今だったら、もっと効率よくできるよね。

林　こういうお話を聞けば聞くほど、世界に出れないなというのはありますよね。まわりに依りすぎているので。昆布もカツオ節も自分で作れないですもの。構成要素の中で、自分たちのものじゃないものが多すぎる。食材だけじゃないじゃないですか。器と空間ととかなると、それはもう無理。出るんだったら、もっとこうそぎ落とすしかない。

……これからの日本料理について、思われることはありますか？

川崎　フランス料理は、身ひとつでできるからね。原理原則さえわかっていたら。

林　最近いろんなところで日本料理の限界にぶつかるんですよ。

川崎　でも、それはそれで安心なのは、料理って、これからどんどん融合していって、最終的には世界料理みたいになるのかなと思ったけど、いや、ならんなと。日本料理はそういった限界みたいなものを大事にすることによって、残っていく、残していけるんじゃないかと。フランス料理もほっといたら、なくなっていく可能性がある。「フランス料理を残そう」といっても、フランス料理って何？ってなるかもしれない。でももしかしたら日本料理は枠が見えるから、逆に残っていくかもしれない。

林　そうですね、考え方かもしれないですね。お話をきいて、僕らがやるべきことが更に明確になったし、それがまた1つではないということにあらためて気づかされました。

川崎　でも変えようとしていることが、破壊のようにとらえられては嫌ですよね。続かせるためにやっているわけだから。

林　そうです。僕は日本料理が大好きですし、次の世代に残そうというのを、今考えているところで。だから、一般の人にもご家庭で作ってほしいし、そのために料理人ができることも、まだまだあると思っているんです。

川崎　他の芸術って、ものは残るでしょ？　美術にしろ音楽にしろ。料理の難しいところは、100年前のものでも写真すら残っていない。いちばん重要な味はわからない。でも、当然料理はどんどん変わっているし、変わるべきものなんです。そこも生物と一緒ですね。変化したものしか生き残れない。料理はだしに縛られたらだめなんです。料理をどうしたいかから考えて、自由自在にだしをあやつれるようになること。それが一番大事。

林　そうですね、特にまだイメージが描けていないうちだと、とにかく一番だしをどうとるかだけに専念してしまって。とった一番だしをどうするかからはじめると、料理の作り方はまったく違ってきますから。まずは、どういう料理を作りたいか。そこからではないかと思います。

川崎寛也

　1975年兵庫県生まれ。京都大学で伏木亨教授に師事し、〝おいしさの科学〟を研究。博士（農学）。現在は味の素（株）で、プロの調理技術について作る側と味わう側の両面から研究。日本料理アカデミー理事。

◎料理解説（補足）

［日本料理 晴山］

軍鶏とじゅんさい

↓25頁

材料
- 鶏（シャモ）もも肉…適量
- ジュンサイ…適量
- 鶏だし（p.24参照）…適量
- スダチ（輪切り）…少量
- 塩、酒…各少量

1 鶏肉は塩をふり、炭火で焼く。

2 ジュンサイは沸騰湯でさっとゆでて色を出し、氷水にとる。

3 一口大に切った**1**の鶏肉と、水気を切った**2**のジュンサイを器に盛る。鶏だしを熱し、塩、酒で味を調えてかけ、スダチを添える。スダチを絞って食べていただく。

［多仁本］

鱧と冬瓜と万願寺のお椀

↓53頁

材料
- ハモ…適量
- 冬瓜…適量
- 万願寺唐辛子…適量
- 葛粉…適量
- 水（天然水）、塩、薄口醤油、酒…各適量
- 昆布…適量
- カツオ節（血合い入り削り節）…適量
- 一番だし（p.48参照）…適量
- ハモのだし（p.52参照）…適量
- 万願寺唐辛子の浸け地
  - 二番だし（p.49参照）、酒、塩、薄口醤油…各適量
- 青ユズ皮（糸ユズ）…少量
- 梅肉…少量

1 おろしたハモは骨切りし、1人分の切り身にする。表面に葛粉を薄くうち、塩を加えた湯で10秒ほどゆでて、氷水に落とす。

2 冬瓜は皮をむいて切り、鍋に入れて水と昆布を加え、火にかける。やわらかくなったら塩、薄口醤油、酒で味を調え、追いガツオをする。

3 万願寺唐辛子は強火で焼き、二番だし、酒、塩、薄口醤油を合わせた地に半日ほど浸けておく。

4 **1**のハモと**2**の冬瓜を蒸し器で温める。蒸し器からとり出す1分ほど前になったら**3**の万願寺唐辛子を入れて一緒に温め、すべてとり出して椀に盛る。

5 一番だしとハモのだしを合わせて温め、塩、薄口醤油で味を調えた吸い地を**4**にはり、糸ユズと梅肉をのせる。

［多仁本］

すっぽんと新生姜の土鍋

↓57頁

材料
- スッポン（p.56のようにして、だしをとった後の身とエンペラ）…p.56の量
- スッポンだし（p.56参照）…適量
- 二番だし（p.49参照）…少量
- 米…適量
- 生姜（針生姜）…適量
- 万能ネギ（小口切り）…適量

1 だしをとった後のスッポンは、小骨を除いて包丁で細かくたたく。途中で出てきた小骨も丁寧にとり除く。

2 といだ米と**1**のスッポン、針生姜を土鍋に合わせる。スッポンだしに二番だしを少量加えて量を調整し、土鍋に加えて炊く。

3 炊き上がったら、万能ネギを散らす。

［てのしま］
いりこだしのにゅうめん

→65頁

材料
にゅうめんだし(作りやすい分量)
- いりこだし（p.64参照）…1000mℓ
- 塩（海の精）…3.4 g
- 薄口醤油…29mℓ
- 米酢（富士酢プレミアム）… 4 mℓ

九条ネギ…1束（80g）
ユズ…1人分1片（へぎユズ）
七味唐辛子…1人分0.5 g
素麺(半生麺)…1人分40g

1 いりこだしに塩、薄口醤油、米酢を加え混ぜ合わせ、にゅうめんだしを作る。九条ネギは細く笹打ちにする。

2 素麺を湯がき、流水で洗い、水気をきり、**1**のだしを沸かしたところにくぐらせて、器に盛る。

3 **2**のだしに九条ネギを加え、ひと煮立ちしたら椀にはる。へぎユズ、七味唐辛子をあしらう。

［てのしま］
はたのお造り湯霜　だししゃぶ仕立て

→67頁

材料
ハタ（＊）…1人分12g
（へぎ造り）×5切れ
ハタのだし（p.66参照）…適量
スプラウト…10g
薬味ポン酢（1人分）
- 大根おろし…5g
- 刻みアサツキ…10g
- ポン酢（下記参照）…20mℓ
- ※合わせる

ポン酢（作りやすい量）
- 濃口醤油…500mℓ
- 薄口醤油…200mℓ
- ミリン…300mℓ
- 酒…280mℓ
- 水…90mℓ
- 昆布…15g
- カツオ節…50g
- 柑橘果汁（レモン、ブラッドオレンジ、美生柑《みしょうかん》、カボス、ユズ）…計1000mℓ
- ※ミリン、酒、分量の水、昆布を鍋に合わせて火にかけ、アルコール分をとばす。濃口醤油、薄口醤油を加え、沸きかけたところで火を止めて、カツオ節を入れる。冷めたら漉し、柑橘果汁と合わせる。

＊ハタ：p.66 **1**、**2**のようにして三枚におろした身。

1 三枚におろしたハタを、皮付きのままへぎ造りにする。

2 提供前に、網杓子などに**1**のハタを皮目を下にしてのせ、熱したハタのだしに皮目だけを浸けて、30秒ほど加熱する。火を止めて、ハタをだしの中に落とし、すぐに引き上げる。

3 ハタが温かいまま器に盛り、スプラウトをあしらい、薬味ポン酢とともに提供する。

＊ ハタを落とした後のだしは、希望されるお客様には料理と一緒に提供する。

［てのしま］

海老のすり流し

→69頁

材料
エビだし（p.68参照）…1000mℓ
白味噌…125g
薄口醤油…10mℓ
米酢（富士酢プレミアム）…10mℓ
水溶き葛粉…50mℓ
（葛粉…225g＋水…500mℓ）
アサツキ（小口切り）…1人分1g

1 エビだしを熱して白味噌を溶き入れ、薄口醤油、酢で味を調える。水溶き葛粉でとろみをつける。

2 器に注ぎ、アサツキをあしらう。

［てのしま］

軍鶏真蒸　そば米沢煮仕立て

→71頁

材料
軍鶏真蒸
（1人分45gを12人分）
鶏（シャモ）もも肉ミンチ…320g
ハモすり身…225g
濃縮鶏だし（p.70の鶏だしを、半分に煮詰めたもの）…150mℓ
うき粉…12.5g
薄口醤油…12.5g
塩（海の精）…5g

椀の具材（6人分）
大根…44g
金時ニンジン…36g
ゴボウ…25g
そば米（乾燥）…30g
鶏だし（p.70参照）…500mℓ
薄口醤油…10g
塩（海の精）…1.5g

吸い地（4人分）
一番だし（p.63参照）…450mℓ
鶏だし（p.70参照）…150mℓ（具材を炊いた煮汁を含む）
薄口醤油…15mℓ
塩（海の精）…12g
水溶き葛粉…20mℓ

仕上げの具材（1人分）
三つ葉（けし三つ葉）…5g
白ネギ（7㎜角）…3g
粗挽き黒コショウ…0.3g
ユズ皮（松葉ユズ）…1本

1 真蒸を作る。ハモすり身、鶏ミンチ、塩、薄口醤油、うき粉を濃縮鶏だしで溶いたものを、順にフードプロセッサーに入れながら混ぜ合わせる。1人分45gにかたどる。

2 椀の具材を仕込む。そば米は熱湯に入れて8分湯がき、おか上げする。大根、金時ニンジン、ゴボウはそれぞれ5㎜角に切り、鍋に鶏だしとともに入れてやわらかくなるまで炊いた後、湯がいたそば米、薄口醤油、塩を加えそのまま冷ます。

3 仕上げる。**1**の真蒸をスチームコンベクションオーブン（85℃、湿度100％）で8分蒸す。

4 一番だしを鶏だしで割って熱し、薄口醤油、塩であたりをつけた吸い地に、**2**の具材を加える。沸いたら水溶き葛粉を加える。

5 椀に**3**の真蒸を入れ、まわりにけし三つ葉を散らし、**4**をはり、白ネギを散らす。松葉ユズと粗挽き黒コショウをあしらう。

［てのしま］
白菜古漬けと豚の丸仕立て

↓73頁

材料

豚ばら肉（p.72のようにして、だしをとった後のもの）…1㎝厚さ×2枚

A（豚ばら肉の煮汁）
- 豚だし（p.72参照）…800mℓ
- 薄口醤油…90mℓ
- 酒…50mℓ
- 米酢（富士酢プレミアム）…60mℓ
- ミリン…10mℓ
- ※最終塩分濃度を2.5%にする。

白ネギ…1本

太白ゴマ油…300mℓ

具材の白菜
- 白菜…¼個（600g）
- 白菜古漬け（＊）…500g
- 豚だし（p.72参照）…500mℓ
- 薄口醤油…適量
- ※最終塩分濃度を0.8〜0.9%にする。

鍋だし
- 豚だし（p.72参照）…500mℓ
- 一番だし（p.63参照）…500mℓ
- 薄口醤油…25mℓ
- 水溶き葛粉…35mℓ
- ※最終塩分濃度を0.78%〜0.82%にする。

生姜の絞り汁…1人分5mℓ

＊白菜の古漬け：白菜を細く切り、重量の3%の塩でもむ。出てきた水を除き、白菜を再度しっかり絞り、保存容器に入れて2週間ほど常温保存する。

1 だしをとった後の豚ばら肉を1㎝厚さ（30g）に2枚切る。Aの煮汁とともに鍋に入れ、落とし蓋をして10分ほど炊く。氷水にあてて冷やし、味を含ませる。

2 白ネギはみじん切りにし、太白ゴマ油でこんがり揚げて、揚げネギとネギ油とする。

3 具材の白菜を炊く。白菜を薄切りにして鍋に入れ、白菜の古漬けと豚だしを加え、やわらかくなるまで炊く。味を確認し、必要な場合は薄口醤油で塩分を調整する。氷水にあてて一度冷ます。

4 鍋だしを作る。鍋に豚だしと一番だしを入れ、火にかける。沸いたら薄口醤油、水溶き葛粉を加えとろみをつける。いったん冷ます。

5 丸鍋に**4**の鍋だしを250mℓ注ぎ、**1**の豚肉、**3**の炊いた白菜30gを入れて火にかける。グツグツ沸いたら生姜汁をまわし入れ、**2**の揚げネギをのせ、ネギ油を2mℓたらす。

［木山］
冬瓜と夏の貝寄せ

↓93頁

材料

アワビ、トリ貝、バイ貝…各適量

冬瓜…適量

昆布（利尻昆布）、大根…各適量

酒、薄口醤油、塩…各適量

一番だし（p.85参照）…適量

貝わたのだし（p.92参照）…適量

葛粉…適量

粗挽きコショウ…少量

1 アワビは殻からとり出して掃除し、水、酒、昆布、大根を合わせた中で、6時間ほど炊いて、柔らか煮にする。食べやすく切る。

2 トリ貝とバイ貝は殻からとり出して掃除し、生のまま食べやすく切る（トリ貝は1枚を2〜3等分に切り、食べやすいように等間隔で切り目を入れる。バイ貝は、薄切りにする）。

3 冬瓜は切り分けて皮をむき、包丁目を入れて、やわらかくなるまで湯がいた後、一番だしに酒、薄口醤油、塩を加えて味を調えた地で炊く。

4 貝わたのだしを熱して薄口醤油、塩で味を調え、水溶き葛粉でとろみをつける。

5 熱い状態の**4**に**1**と**2**の貝を入れて火を入れる。

6 温めた**3**の冬瓜と**5**の貝を器に盛る。

7 **5**のだしの味を確認し（生の貝から更に味が出て、濃くなる場合がある）、**6**にかける。コショウを振る。

［うぶか］

松葉蟹と白菜のうま煮

↓147頁

材料
カニのクイックだし（p.146参照）…適量
白菜…¼個（縦4等分に切ったもの）
松葉ガニの身（塩ゆでした松葉ガニからとり出したもの）…適量
塩、ミリン…各適量
葛粉…適量

1 4等分に切った白菜をバットに置いてカニだしをかけ、塩を振る。蒸気の上がった蒸し器に入れて、1時間蒸す。

2 **1**の白菜を、提供用の土鍋に入れる。

3 **1**の蒸し汁を別鍋に入れて熱し、塩、ミリンで味を調える。水溶きした葛粉でとろみをつけ、**2**の土鍋に注いで火にかけ、グツグツと煮立てる。

4 白菜の上に、松葉ガニの身をのせて提供する。

［うぶか］

ターツァイと蟹の炒め煮

↓147頁

材料
カニのクイックだし（p.146参照）…適量
ターツァイ（水で洗い、食べやすい大きさに切る）…適量
松葉ガニの身（塩ゆでした松葉ガニからとり出したもの）…適量
米油、塩…各適量
葛粉…少量

1 鍋を熱して米油を少量ひき、ターツァイを入れる。木ベラで軽く4〜5回混ぜたら、カニだしを入れる。

2 **1**に松葉ガニの身を入れ、塩で味を調える。水溶きした葛粉を少量加えて混ぜる。

［うぶか］

松葉蟹のだしを含めたイクラと松葉蟹

↓151頁

材料（1人分）
松葉ガニの凍結だし（p.150参照）…100mℓ
松葉ガニの身（塩ゆでした松葉ガニからとり出したもの）…30g
イクラ…50g
わさび（すりおろし）…1g
塩、薄口醤油…各適量

1 松葉ガニのだしに塩、薄口醤油を加え、イクラを浸けて吸わせる（1時間ほど）。

2 松葉ガニの身を器に盛り。まわりに**1**を入れ、天におろしわさびをのせる。

[うぶか]
松葉蟹みその風呂吹き大根

→151頁

材料(作りやすい量)
松葉ガニの凍結だし(p.150参照)…適量
大根…1本
松葉ガニのカニミソ(塩ゆでした松葉ガニからとり出したもの)…200g
白味噌…50g
塩、ミリン…各適量
ユズ皮(針ユズ)…適量

1 大根は皮をむき、3cm厚さに切り、米のとぎ汁でやわらかくなるまで下ゆでし、水にさらす。

2 **1**の大根を鍋に入れ、松葉ガニのだしをひたひたに注ぎ、塩とミリンを加え、10～15分ほど熱して煮含める。火からおろしてそのまま冷ましておく。

3 別鍋に松葉ガニのカニミソを入れ、白味噌を加えて木ベラで練る。

4 提供前に**2**の大根を煮汁ごと温める。大根を1人分1個として器に盛り、煮汁をはり、大根の上に**3**の味噌を適量のせて天火で軽くあぶって焼き目をつけ、針ユズをのせる。

[うぶか]
フジツボジュレ

→158頁

材料
フジツボのだし(p.156参照)…適量
粉寒天…だしの重量の1.5%
フジツボの身(p.156のようにして、だしをとった後のもの)…適量
生ウニ…適量
エンドウ豆(塩ゆでして鞘からとり出した実)…適量
花穂紫蘇…少量
わさび(すりおろし)…少量

1 フジツボのだしを熱し、粉寒天を入れて溶かす。粗熱がとれたら冷蔵庫で冷やしておく。

2 **1**を器に入れ、フジツボの身、生ウニ、エンドウ豆を上に盛り付け、花穂紫蘇とおろしわさびをのせる。

[うぶか]
フジツボだしのお椀

→158頁

材料
絹漉し豆腐…適量
フジツボのだし(p.156参照)…適量
フジツボの身(p.156のようにして、だしをとった後のもの)…適量
長ネギ(小口切り)…適量
みょうが(小口切り)…適量
生姜(針生姜)…適量

1 豆腐は蒸し器で温めて、椀に盛り、温めたフジツボのだし(塩気が足りなければ、塩を加える)をはる。

2 豆腐の上にフジツボの身、長ネギ、みょうが、生姜をのせる。

だし索引

掲載店紹介

［日本料理 晴山］
山本晴彦

日本料理 晴山
東京都港区三田2-17-29
グランデ三田B1F
TEL：03-3451-8320

［虎白］
小泉 瑚佑慈

虎白
東京都新宿区神楽坂3-4
TEL：03-5225-0807

［多仁本］
谷本征治

多仁本
東京都新宿区神楽坂3-1
軽子坂プレイス 3F
TEL：03-6380-5797

［てのしま］
林 亮平

てのしま
東京都港区南青山1-3-21
1-55ビル 2階
TEL：03-6316-2150

［木山］
木山義朗

木山
京都府京都市中京区堺町通
夷川上ル西側絹屋町136
ヴェルドール御所 1F
TEL：075-256-4460

［日本料理 翠］（2023年5月に移転。『翠 大屋』としてリニューアルオープン。）
大屋友和

翠 大屋
大阪府大阪市北区天満3-1-2
TSビル 2F
TEL：06-6358-7497

［うぶか］
加藤邦彦

うぶか
東京都新宿区荒木町2-14
アイエス2ビル 1F
TEL：03-3356-7270

［スブリム］
加藤順一
（『スブリム』のシェフを退任後、2020年12月に『ラルジャン』のシェフに就任。）

スブリム
東京都港区東麻布3-3-9
アネックス麻布十番 1F
TEL：03-5570-9888

［ドン ブラボー］
平 雅一

ドン ブラボー
東京都調布市国領町3-6-43
TEL：042-482-7378

だしの研究

だしの仕組みを理解して、
自在に使いこなすための、
調理とサイエンス

初版発行　２０２０年８月15日
４版発行　２０２４年11月20日

編者ⓒ　柴田書店

発行者　丸山兼一
発行所　株式会社柴田書店
〒１１３－８４７７
東京都文京区湯島３－２６－９　イヤサカビル
電話　営業部　０３－５８１６－８２８２（注文・問合せ）
書籍編集部　０３－５８１６－８２６０
https://www.shibatashoten.co.jp

印刷・製本　公和印刷株式会社

ISBN 978-4-388-06327-7

Printed in Japan

Shi